BURKHARDT ZIEMSKE

Das parlamentarische Untersuchungsrecht in England – Vorbild einer deutschen Reform?

Beiträge zum Parlamentsrecht

Herausgegeben von

Werner Kaltefleiter, Ulrich Karpen, Wolfgang Zeh

in Verbindung mit

Peter Badura, Wolfgang Heyde, Joachim Linck
Georg-Berndt Oschatz, Hans-Peter Schneider
Uwe Thaysen

Band 19

Das parlamentarische Untersuchungsrecht in England – Vorbild einer deutschen Reform?

Von

Dr. Burkhardt Ziemske

Duncker & Humblot · Berlin

Die Deutsche Bibliothek – CIP-Einheitsaufnahme

Ziemske, Burkhardt:
Das parlamentarische Untersuchungsrecht in England – Vorbild einer deutschen Reform? / von Burkhardt Ziemske. – Berlin: Duncker und Humblot, 1991
(Beiträge zum Parlamentsrecht; Bd. 19)
Zugl.: Köln, Univ., Diss., 1990
ISBN 3-428-07108-5
NE: GT

Fremddatenübernahme: Hagedornsatz, Berlin 46
Druck: Druckerei Gerike GmbH, Berlin 36
Printed in Germany

ISSN 0720-6674
ISBN 3-428-07108-5

Vorwort

Der vorliegende Beitrag wurde im März 1990 abgeschlossen und von der Rechtswissenschaftlichen Fakultät der Universität zu Köln im Sommersemester 1990 als Dissertation angenommen.

Die Arbeit entstand auf Anregung meines Lehrers Prof. Dr. Martin Kriele. Er ließ mir die notwendige Freiheit, meine Vorstellungen zu verwirklichen und begleitete sie stets mit unterstützendem Interesse. Großzügig gab er mir sein Einverständnis für einen dreimonatigen Aufenthalt in Oxford, um das erforderliche Material für den englischen Teil zu beschaffen.

Mein aufrichtiger Dank gilt auch der Bodleian Library, welche mir freundlicherweise ihre Archive zum Quellenstudium bereitstellte. Weitere Einsichten erhielt ich durch die Teilnahme an Ausschußsitzungen der Departmental Select Committees sowie durch Gespräche mit Mitgliedern beider Parlamentshäuser.

Neben der fachlichen Unterstützung verdient ein Umstand jedoch besondere Erwähnung: Meine Eltern haben meine gesamte berufliche Ausbildung in jeder ihnen möglichen Art und Weise liebevoll getragen. Dafür möchte ich mich an dieser Stelle ganz besonders bedanken.

Köln, im Juli 1990

Burkhardt Ziemske

Inhaltsverzeichnis

Abkürzungsverzeichnis

AC	Law Reports of Appeal Cases in the Court of Appeal and the House of Lords
Anm.	Anmerkung
AöR	Archiv für öffentliches Recht
Aufl.	Auflage
Bay VBl	Bayerisches Verwaltungsblatt
Bay VerfGHE	Entscheidungen des Bayerischen Verfassungsgerichtshofes
BFH	Bundesfinanzhof
BGBl.	Bundesgesetzblatt
BStBl	Bundessteuerblatt
BT-Drs.	Bundestags-Drucksachen
BVerfGE	Bundesverfassungsgerichtsentscheidungen
c.	chapter (bei Gesetzeszitaten)
CLP	Current Legal Problems
Cm.	Command Papers 1986 —
Cmd.	Command Papers 1919-1956
Cmnd.	Command Papers 1956-1986
Col.	Column (Spaltenzahl)
ders.	derselbe
DJT	Deutscher Juristentag
DÖV	Die öffentliche Verwaltung
DRiz	Deutsche Richterzeitung
DVBl.	Deutsches Verwaltungsblatt
ebda.	ebenda
Eliz.	Elizabeth
ESVGH	Entscheidungen des Hessischen Verwaltungsgerichtshofs und des Verwatlungsgerichtshofs Baden-Württemberg mit Entscheidungen der Staatsgerichtshöfe beider Länder
EuGRZ	Europäische Grundrechts-Zeitschrift
f	folgende
ff	fortfolgende
FinG	Finanzgericht
GeschO BR	Geschäftsordnung des Bundesrates
GeschO BReg	Geschäftsordnung der Bundesregierung
GeschO BT	Geschäftsordnung des Bundestages
Geo.	George
H. C.	House of Commons papers
HC Debs	Hansard, House of Commons Debates
Hess StGH	Hessischer Staatsgerichtshof
H. M.	Her (His) Majesty
h. M.	herrschende Meinung

HMSO	Her (His) Majesty's Stationery Office
Hrsg. (hrsg.)	Herausgeber (herausgegeben)
IPA	Interparlamentarische Arbeitsgemeinschaft
MLR	Modern Law Review
m.w. N.	mit weiteren Nachweisen
NJW	Neue Juristische Wochenschrift
NStZ	Neue Zeitschrift für Strafrecht
NVwZ	Neue Zeitschrift für Verwaltungsrecht
OVG	Oberverwaltungsgericht
P. L.	Public Law
plc	public limited company
PrGS	Preußische Gesetzsammlung
PVS	Politische Vierteljahresschrift
Rdnr.	Randnummer
RGZ	Entscheidungen des Reichsgerichts in Zivilsachen
RuP	Recht und Politik
Q. B.	Law Reports of Cases in the Queen's Division of the High Court, the Court of Appeal and the Divisional Court
Sp.	Spalte
StGH	Staatsgerichtshof
StPO	Strafprozeßordnung
v.	verse (gegen) in Zivilsachen gesprochen „and"; in Strafsachen „against"
VG	Verwaltungsgericht
vgl.	vergleiche
Vict.	Victoria
vol.	volume (Band)
VVDStRL	Veröffentlichungen der Vereinigung der Deutschen Staatsrechtslehrer
Will.	William
ZfP	Zeitschrift für Politik
ZParl	Zeitschrift für Parlamentsfragen
ZRP	Zeitschrift für Rechtspolitik

§ 1 Einleitung

Das parlamentarische Untersuchungsrecht in Deutschland ist im Verhältnis zu dem Englands sehr jung. Es hat sich in den Ländern erst zu Beginn des 19. Jahrhunderts, und zwar in Anlehnung an das englische Beispiel der klassischen „Select Committees" entwickelt.[1] Auf Reichsebene wurde das parlamentarische Untersuchungsrecht auf Anregung Max *Weber*s erstmalig nach dem Zusammenbruch des deutschen Kaiserreiches eingeführt.[2] Die Weimarer Reichsverfassung stattete es in Art. 34 mit Verfassungsrang aus.

Schon in der Weimarer Republik führte die Ausübung des parlamentarischen Untersuchungsrechts durch die Untersuchungsausschüsse des Reichstages zu erbitterten öffentlichen Auseinandersetzungen.[3] Sie wird in den Zusammenhang der Krisenereignisse gegen Ende der Weimarer Republik gestellt. Schon damals zählten zu den neuralgischen Punkten des Untersuchungsrechts der Minderheitenschutz, die Befugnisse und die Untersuchungsgegenstände.[4]

Das Grundgesetz übernahm in Art. 44 das Untersuchungsrecht nach dem Vorbild des Art. 34 WRV in nahezu identischer Form. Die Änderungen sind nur marginal[5]:

1. Das Minderheitenquorum im Plenum wurde von einem Fünftel auf ein Viertel erhöht.
2. Das Beweisantragsrecht der Antragsteller wurde gestrichen.
3. Auf Beweiserhebungen finden nicht nur die Vorschriften der Strafprozeßordnung, sondern alle für den „Strafprozeß" geltenden Vorschriften sinngemäß Anwendung.

---

[1] Zur Geschichte des parlamentarischen Untersuchungsrechts in Deutschland: RGZ 104, 432; J. Hatschek, Das Parlamentsrecht des Deutschen Reiches, Berlin 1915, S. 95; E. Zweig, Die parlamentarische Enquête nach deutschem und österreichischem Recht, in: ZfP 1913, S. 265ff. (281f.).

[2] M. Weber, Parlament und Regierung im neugeordneten Deutschland. Zur politischen Kritik des Beamtentums und Parteiwesens, in: Max Weber, Gesammelte politische Schriften, 2. Aufl. Tübingen 1958, S. 284ff.

[3] W. Steffani, Die Untersuchungsausschüsse des Preußischen Landtages zur Zeit der Weimarer Republik, Düsseldorf 1960, S. 68ff.

[4] Verhandlungen des 34. DJT (1925): Empfiehlt sich eine Abänderung der Bestimmungen über parlamentarische Untersuchungsausschüsse, um den ungestörten Verlauf des Strafverfahrens und die Unabhängigkeit des Richtertums sicherzustellen?, Gutachten von W. Rosenberg und M. Alsberg, Bd. I, S. 3ff. u. S. 332ff.; Leitsätze, Vortrag von E. Jacobi, Diskussion sowie Beschlüsse, Bd. II, S. 69ff. — Zum Hintergrund dieser Beratungen: W. Steffani, Die Untersuchungsausschüsse des Preußischen Landtages zur Zeit der Weimarer Republik, S. 321ff.

[5] Maunz/Dürig/Herzog/Scholz, Art. 44 Rdnr. 2.

4. Der Ausschluß der Öffentlichkeit erfordert keine Zweidrittel-Mehrheit mehr, sondern nur noch einfache Mehrheit des Ausschusses.
5. Durch die Einführung des Abs.4 des Art. 44 GG wurde die in der Weimarer Republik entwickelte Lehre der „gerichtsfreien Hoheitsakte" für das Untersuchungsverfahren obsolet.

Die Praxis der Untersuchungsausschüsse des Bundestages war nicht zu allen Zeiten gleich. Die Geschichte der Bundesrepublik Deutschland spiegelt sich in der Art und Weise der Untersuchungsverfahren des Deutschen Bundestages wider. So läßt sich die Untersuchungspraxis in drei Phasen einteilen[6]:

Die „hektische" erste Phase bis 1952 war geprägt von dem Wunsch nach Vergangenheitsbewältigung. Entsprechend dem „temperierten Parlamentarismus" der 50er und 60er Jahre verlief die parlamentarische Untersuchung in ihrer zweiten Phase „moderat". Wie in der ersten Phase, so kamen auch in der zweiten Phase die Untersuchungsausschüsse mit recht formlosen Erörterungen aus. Nicht alle Untersuchungsausschüsse machten von den ihnen verliehenen formalen Machtbefugnissen Gebrauch.[7] Seit dem Beginn der 70er Jahre lebt die formale Untersuchungstätigkeit wieder auf. Diese dritte Phase ist geprägt von dem Streit der parteipolitischen Gegner untereinander.[8] Mit der zunehmenden Ingebrauchnahme der formalen Machtbefugnisse steht deren Grenzbestimmung durch die Gerichte im Vordergrund.

Die Probleme des parlamentarischen Untersuchungsrechts der Vorkriegszeit bestehen wegen der nur geringfügigen Änderungen in Art. 44 GG fort. In der Nachkriegszeit haben bislang zwei Deutsche Juristentage die Reform des parlamentarischen Untersuchungsrechts zu ihrem Gegenstand gehabt.[9] Zu einer grundlegenden Änderung ist es jedoch bis heute nicht gekommen. Entwürfe von Ausführungsgesetzen zu Art. 44 GG fanden bisher keine ausreichende Mehrheit.[10] Die alten Probleme der Weimarer Zeit treten in

[6] J. Plöhn, Die Praxis der parlamentarischen Untersuchungsausschüsse unter besonderer Berücksichtigung der Landesebene, in: Bedarf das Recht der parlamentarischen Untersuchungsausschüsse einer Reform?, hrsg. von U. Thaysen u. S. S. Schüttemeyer, Baden-Baden 1988, S. 95 (96).

[7] K. J. Partsch, Gutachten zum 45. DJT (1964) S. 2.

[8] J. Plöhn, S. 104.

[9] Verhandlungen des 45. DJT (1964): Empfiehlt es sich, Funktion, Struktur und Verfahren der parlamentarischen Untersuchungsausschüsse grundlegend zu ändern?, Gutachten von K. J. Partsch, Bd. I., Teil 3, Referate von H. Ehmke, G. Heinemann und C. J. Heydebreck, Diskussion und Beschlußfassung, Bd. II, S. 7ff.; Verhandlungen des 57. DJT (1988): Empfiehlt sich eine gesetzliche Neuordnung der Rechte und Pflichten parlamentarischer Untersuchungsschüsse?, Gutachten von M. Schröder, Bd. I, Teil 4; H. Bickel und H. P. Schneider, Diskussion und Beschlußfassung, Bd. 2, S. M 7ff.

[10] Entwurf eines Gesetzes über Einsetzung und Verfahren von Untersuchungsausschüssen des Bundestages, BT-Drs. V/4209; Entwurf eines Gesetzes über das Untersuchungsverfahren des Deutschen Bundestages, BT-Drs. VIII/1181; Entwurf eines Gesetzes über Einsetzung und Verfahren von Untersuchungsausschüssen des Deutschen Bundestages, BT-Drs X/6587.

gewandelter bzw. erweiterter Form auf. Hinzugetreten ist das Problem der gerichtlichen Kontrolle über das politische Untersuchungsverfahren.[11]

Die vorliegende Arbeit ist vergleichend angelegt. England bietet sich für einen Vergleich als das Mutterland des parlamentarischen Untersuchungsrechts an.

Arbeiten über das englische parlamentarische Untersuchungsrecht hat es in Deutschland bereits vor der Einführung des Untersuchungsrechts auf Reichsebene gegeben.[12] Die jüngsten vergleichenden Untersuchungen stammen von *Gascard*[13] und *Aschauer*[14]. Beide Vergleiche konnten nicht die Reform des parlamentarischen Untersuchungsrechts aus dem Jahre 1979 berücksichtigen, die als die bedeutendste Parlamentsreform dieses Jahrhunderts bezeichnet wird.[15] Die Untersuchung von *Klemmt* über die Verantwortlichkeit der Minister in Großbritannien geht angesichts der thematischen Eingrenzung nur bedingt auf diese Reform ein.[16]

In der jüngsten Vergangenheit rief die parlamentarische Untersuchung der Westland-Affäre Diskussionen über die Vernehmung von Beamten des Civil Service sowie die Stellung des Prime Minister im reformierten Untersuchungsverfahren hervor. Grundsätzlicher Natur blieben auch nach der Reform Fragen der Effektivität parlamentarischer Untersuchungen des „Big Government" durch die „parliamentary watchdogs" sowie der parlamentarischen Kontrolle sicherheitsrelevanter Angelegenheiten.

Diese Ausarbeitung führt von der Nennung der Probleme hin zu möglichen Antworten. Aus diesem Grunde beschreibt sie zunächst das geltende Recht der parlamentarischen Untersuchungsausschüsse in der Bundesrepublik Deutschland, beschränkt auf wesentliche Umrisse der gegenwärtigen Reformdiskussion (1. Kapitel). Es folgt die vergleichende Darstellung des parlamentarischen Untersuchungsrechts in England (2. Kapitel).

Aus der kritischen Auseinandersetzung mit der parlamentarischen Untersuchungspraxis in beiden Ländern werden Schlußfolgerungen (3. Kapitel) gezogen, auf denen Anregungen für Reformen gründen.

---

[11] M. Hilf, Untersuchungsausschüsse vor den Gerichten, in: NVwZ 1987, S. 538ff; D. Engels, Die Rechtsprechung zum Bericht der parlamentarischen Untersuchungsausschüsse, ein Kommentar, in: Bedarf das Recht der parlamentarischen Untersuchungsausschüsse einer Reform?, S. 205ff.

[12] G. Cohn, Über die parlamentarische Untersuchung in England, Jena 1875; L. Bekermann, Die wichtigsten Mittel der parlamentarischen Kontrolle im Deutschen Reich, England und Frankreich, Diss. Heidelberg 1910.

[13] J. R. Gascard, Das parlamentarische Untersuchungsrecht in rechtsvergleichender Sicht (England, USA, Deutschland), Diss. Kiel 1966.

[14] S. I. Aschauer, Die parlamentarische Kontrolle der Regierung, Diss. Bonn 1966.

[15] So St. John-Stevas, der damalige Leader of the House bei der Beratung der Reform im House of Commons, HC Debs., 25 June 1979, col. 35.

[16] R. Klemmt, Über die Verantwortlichkeit der Minister in Großbritannien, Diss. Tübingen 1983.

1. Kapitel

Das parlamentarische Untersuchungsrecht in der Bundesrepublik Deutschland

§ 2 Die Funktion und Rechtsnatur der Untersuchungsausschüsse des Deutschen Bundestages

Das Untersuchungsrecht ist ein dem Bundestag eingeräumtes qualifiziertes Informationsrecht, um sich unabhängig von den anderen Staatsorganen die zur Wahrung seiner Funktionen notwendigen Informationen selbst zu verschaffen.[1] Im Gegensatz zu den schlichten parlamentarischen Informationsrechten räumt das Untersuchungsrecht dem Bundestag die Möglichkeit ein, Informationen nicht nur auf freiwilliger Basis, sondern erforderlichenfalls zwangsweise einzuholen.[2]

Art. 44 GG begründet die Untersuchungskompetenz des Bundestages in einer besonderen Weise. Untersuchungen sollen nicht als Selbstzweck durchgeführt werden, sondern haben immer einen vorbereitenden Charakter. Untersuchungen dienen der Wahrnehmung der sonstigen parlamentarischen Aufgaben.[3] Die Formulierung in Art. 44 I GG stellt klar, daß Untersuchungen nicht vom Bundestagsplenum selbst, sondern ausschließlich durch einen Bruchteil seiner Mitglieder, nämlich einen Ausschuß, ausgeübt werden können. Insofern trennt Art. 44 GG zwischen der formalen Untersuchungskompetenz und der materiellen Ausübungskompetenz.[4] Träger der formalen Untersuchungskompetenz ist das Plenum als „Herr der Untersuchung".[5] Das Plenum beschließt die Einsetzung eines Untersuchungsausschusses einschließlich seines Untersuchungsthemas und kann diesen jederzeit — unter Beachtung des Minderheitenrechts — wieder auflösen.[6] Das Untersuchungsrecht wird daher immer im Namen des Parlaments durch den Untersuchungsausschuß ausgeübt.[7]

---

[1] K. J. Partsch, Gutachten für den 45. DJT, S. 13.

[2] W. Damkowski, Der parlamentarische Untersuchungsausschuß, Frankfurt 1987, S. 32.

[3] Maunz/Dürig/Herzog/Scholz, Art. 44 Rdnr. 3.

[4] R. Kipke, Die Untersuchungsausschüsse des Deutschen Bundestages, Berlin 1985, S. 37.

[5] BVerfGE 67, 100 (125).

[6] H. H. Lammers, Parlamentarische Untersuchungsausschüsse, in: Handbuch des deutschen Staatsrechts, Bd. 2, Tübingen 1932, S. 474; v. Mangoldt/Klein, S. 946; Maunz/Dürig/Herzog/Scholz, Art. 44 Rdnr. 11.

Diese besondere Struktur des Art. 44 GG hat Schwierigkeiten hinsichtlich der Organstellung des Untersuchungsausschusses bereitet. Denn ein Organ kann grundsätzlich nur diejenigen Kompetenzen auf ein Hilfsorgan übertragen, die ihm selbst zustehen. Da sich das Plenum nicht selbst als Untersuchungsausschuß einsetzen kann, überträgt es an sein Hilfsorgan eine Kompetenz, die es rechtlich nicht hat. Seitdem anerkannt ist,[8] daß ein Hilfsorgan vereinzelt originäre Zuständigkeiten im Verhältnis zum Hauptorgan haben kann, wird die Stellung des parlamentarischen Untersuchungsausschusses nahezu einheitlich als „Hilfsorgan" des Bundestages bezeichnet[9]. Als Hilfsorgan des Bundestages kann der Untersuchungsausschuß nicht alles tun, wozu das Plenum selbst in der Lage ist. Der Untersuchungsausschuß bereitet die Beschlüsse des Bundestages lediglich vor. Seine Funktion besteht darin, die Arbeit des Bundestages zu fördern und zu erleichtern.[10]

Die Rechtsgrundlage für sog. ad hoc-Untersuchungsausschüsse bildet Art. 44 GG. Eine einfachgesetzliche Ausführung dieser Norm besteht bislang nicht. Forderungen danach bestehen, seitdem das Institut Eingang in das deutsche Verfassungsleben gefunden hat. An Gesetzesinitiativen hat es nicht gefehlt. Gegenwärtig werden zwei Entwürfe im Bundestag beraten.[11]

Die Rechtslage des parlamentarischen Untersuchungsrechts unterscheidet sich erheblich von der anderer qualifizierter Informationsrechte. Sowohl für das Petitionsbehandlungsrecht als auch für die Rechte des Wehrbeauftragten sind einfachgesetzliche Regelungen vorhanden.[12] Für den Untersuchungsausschuß finden dagegen einfache Gesetze — wie die des Strafprozesses — nur „sinngemäße Anwendung". Diese Verweisung ist wegen der unterschiedlichen Stellung der Organe der Strafrechtspflege und des Untersuchungsausschusses mit spezifischen verfahrensrechtlichen Problemen belastet. Während das Strafgericht Tatsachen ermittelt, um auf deren Grundlage Urteile zu finden, und zu diesem Zwecke aus unabhängigen Richtern gebildet ist, setzen sich die Untersuchungsausschüsse ausschließlich aus Mitgliedern des Deutschen Bundestages zusammen. Sie haben nicht über die Frage der Schuld oder Unschuld zu entscheiden, sondern sollen lediglich einen Sachverhalt ermitteln und dem Plenum eine Empfehlung unterbreiten. Das Strafgericht entscheidet, während der Untersuchungsausschuß politische Entscheidungen des Plenums vorbereitet und nur in diesem Rahmen Entscheidungen trifft.[13]

---

[7] Maunz/Dürig/Herzog/Scholz, Art. 44 Rdnr. 10.

[8] H. J. Wolff, Verwaltungsrecht, Bd. 2, 5. Aufl. München 1987, S. 49.

[9] BVerfGE 67,100 (124).

[10] BVerfGE 67,100 (125), unter Hinweis auf BVerfGE 49, 70 (75).

[11] BT-Drs. XI/1896 und BT-Drs. XI/2025.

[12] Gesetz über die Befugnisse des Petitionsausschusses des Deutschen Bundestages v. 19.7.1975 (BGBl. I, S. 1921); Gesetz über den Wehrbeauftragten des Deutschen Bundestages v. 26.6.1956 (BGBl. I, S. 652); vgl. zum Ganzen, K. Stern, Das Staatsrecht der Bundesrepublik Deutschland, Bd. II, München 1980, S. 92ff.

Aus diesem Grunde kann der generelle Verweis auf die „sinngemäße Anwendung" der strafprozessualen Vorschriften nicht automatisch zu einer uneingeschränkten Übernahme dieser bewährten Prozeßregeln führen. Sinn und Zweck des Untersuchungsverfahrens bleiben für die Anwendung der Vorschriften des Strafprozesses beherrschend.[14] Die Anwendung ist daher eine Frage des Einzelfalles und muß bei jeder einzelnen strafverfahrensrechtlichen Norm gesondert gewürdigt werden.

Zu einem geringen Teil enthält die Geschäftsordnung des Deutschen Bundestages Grundlagen für das Untersuchungsverfahren. Weitere Verfahrensgrundlagen ergeben sich aus den sog. IPA-Regeln. Hierbei handelt es sich um eine Ausarbeitung der Interparlamentarischen Arbeitsgemeinschaft (IPA) in Form eines Gesetzentwurfs, der auch als solcher in den Bundestag eingebracht, aber nicht verabschiedet wurde.[15] Die Ausschüsse arbeiten mit einer leicht veränderten Fassung dieses Entwurfs.[16] In der Praxis beschließt das Plenum des Bundestages mit der Einsetzung zugleich die Anwendung der IPA-Regeln für das Untersuchungsverfahren. Sie stehen dann im Range einer (Sonder-) Geschäftsordnung.[17]

§ 3 Die Minderheitenrechte

Der Bundestag ist auf Antrag eines Viertels seiner Mitglieder verpflichtet, einen Untersuchungsausschuß einzusetzen. Damit hat eine qualifizierte Minderheit die Möglichkeit, sich eines parlamentarischen Hilfsorgans zu bedienen, das mit Machtbefugnissen ausgestattet ist, die dem Parlament als solchem nicht und sonst nur den Gerichten zur Ausübung ihrer eng umschriebenen Zwecke zugestanden sind. [18]

Die Einführung dieses Minderheitenrechts geht auf die Initiative Max *Weber*s zurück.[19] Sie wurde und wird weiterhin mit dem Funktionswandel des Parlaments unter der Herrschaft des parlamentarischen Regierungssystems begründet.[20] Die parlamentarische Minderheit sei die eigentliche Opposition der

---

[13] Ebda., S. 105ff.

[14] BVerfGE 67, 100 (128).

[15] Entwurf des Gesetzes über Einsetzung und Verfahren von Untersuchungsausschüssen des Bundestages, BT-Drs. V/4209.

[16] Die überarbeitete Fassung ist als Anlage zur Drs. 43 der Kommission für Fragen der Untersuchungsausschüsse der IPA veröffentlicht worden.

[17] R. Kipke, S. 34; in der Begründung zu BT-Drs. XI/1896 werden sie ausdrücklich als „besonderes Geschäftsordnungsrecht" bezeichnet.

[18] K. J. Partsch, Gutachten für den 45. DJT, S. 13.

[19] M. Weber, Parlament und Regierung im neugeordneten Deutschland, S. 351ff.; vgl. hierzu: W. Steffani, Funktion und Kompetenz parlamentarischer Untersuchungsausschüsse, in: PVS, 1960, S. 153 (169); S. I. Aschauer, Die parlamentarische Kontrolle der Regierung, S. 158.

[20] BVerfGE 49, 70 (86): „Im parlamentarischen Regierungssystem überwacht aber in erster Linie nicht die Mehrheit die Regierung, sondern diese Aufgabe wird vorwiegend von

Regierung, da diese von der Parlamentsmehrheit getragen werde. Der Minderheitenschutz im Parlament führe das parlamentarische Regierungssystem zu einer höheren Rechtfertigung.

Die Inanspruchnahme des parlamentarischen Untersuchungsorgans durch die qualifizierte Minderheit wurde das charakteristische Merkmal der politischen Untersuchungen in der Weimarer Republik. Die Untersuchungen im Reichstag entfalteten über die Minderheiten einen derartigen Kampfcharakter, daß sie von zeitgenössischen Betrachtern als das „Damokles-Schwert" des parlamentarischen Regierungssystems bezeichnet wurden.[21] Die staatsfeindliche Opposition von links und rechts schreckte nicht davor zurück, „die potentiellen Fähigkeiten des Untersuchungsinstituts bis zum skrupellosen Mißbrauch auszubeuten".[22] Die parlamentarische Mehrheit, die diesen Mißbrauch einzudämmen versuchte, wurde der öffentlichen Kritik ausgesetzt, die Minderheitenrechte verfassungswidrig der betreffenden Minorität vorzuenthalten.[23]

Das Grundgesetz übernahm den Minderheitenschutz des Art. 34 WRV in seinen Grundzügen. Es erhöhte lediglich in Art. 44 GG das erforderliche Einsetzungsquorum und strich das Beweisantragsrecht der Antragsteller gänzlich. Damit aber — so die aktuelle Kritik[24] — hat die parlamentarische Mehrheit den Gang des Untersuchungsverfahrens in ihrer Hand. Sie könne die Einsetzung eines Untersuchungsausschusses durch die qualifizierte Minderheit konterkarieren, indem sie durch die Verfahrensherrschaft die Minderheit daran hindern könne, Mißstände der Regierung aufzudecken. Entgegen der Erfahrung aus der Weimarer Republik wird von daher eine Stärkung des Minderheitenrechts auch im Verfahren gefordert.[25]

Das Bundesverfassungsgericht hat in der Flick-Entscheidung[26] faktisch das Beweisantragsrecht der einsetzenden Plenumsminderheit wieder eingeführt. Die

der Opposition — und damit in der Regel von der Minderheit — wahrgenommen". Vgl. auch: Verfassungsenquête-Kommission, in: Zur Sache, 3/76, S. 126; J. Jekewitz, Neuere Erfahrungen mit dem Recht der parlamentarischen Untersuchungsausschüsse, S. 4.

[21] J. Kahn, Parlamentarische Untersuchungsausschüsse, Diss. Marburg 1934, S. 14; M. Alsberg, Verhandlungen des 34. DJT (1925), Bd. 1, S. 370; E. Jacobi, ebda., S. 105; A. Gerland, ebda., S. 134.

[22] W. Steffani, Die Untersuchungsausschüsse des preußischen Landtags, S. 314.

[23] Ebda., S. 318.

[24] G. Laage u. L. Strube, Das Untersuchungsrecht als Minderheitenrecht, in: Zwischen Aufklärung und politischem Kampf, hrsg. von U. Bachmann u. H.-P. Schneider, Baden-Baden 1988, S. 22ff. m.w. N.

[25] Vgl. nur: Beratungen und Empfehlungen der Verfassungsenquête-Kommission, S. 130; Schlußbericht des Bundestagsuntersuchungsausschusses „Neue Heimat", BT-Drs. X/6779 Tz. 455; Schlußbericht zum „Flick-Ausschuß", BT-Drs. X/5079 Tz. 454 u. 496.

[26] BVerfGE 67, 100 (126): Das Bundesverfassungsgericht erklärte die konkrete Antragsminderheit i. S. d. Art. 44 I 1 GG für antragsbefugt, im Rahmen eines Organstreitverfahrens die Beweiserhebungsrechte gegenüber der Bundesregierung geltend zu machen.

gegenwärtige Praxis trägt der Kritik insofern Rechnung, als das Plenum sich bei der Einsetzung aufgrund eines Minderheitenantrags in der Beratung sehr zurückhält.[27] Durch das Bundesverfassungsgericht[28] angehalten, den von der Minderheit gestellten Antrag nicht im Kern zu verändern, bleiben die Beratungen eines Minderheitenantrags faktisch aus.[29] Das Plenum beschließt auch gar nicht mehr die Einsetzung , sondern wird zum formalen Adressaten der qualifizierten Minderheit. Die Einsetzung des Untersuchungsausschusses aufgrund qualifizierten Minderheitenantrags hat sich faktisch verselbständigt.[30] Mehrheitliche Erweiterungen und Zusätze zum Einsetzungsantrag der Minderheit stehen von vornherein unter dem Verdacht, das Untersuchungsverfahren verfassungswidrig zu verzögern.[31] Die Möglichkeit, dagegen im Wege des Organstreitverfahrens verfassungsgerichtliche Schritte zu unternehmen, liefert der Minderheit darüber hinaus neuen Zündstoff für die Kritik an der Mehrheit in der politischen Auseinandersetzung.[32]

Das Minderheitenrecht schlägt auf die Berichterstattung durch. Gemäß § 62 Abs.2 GechO BT hat die Minderheit das Recht, ihre abweichenden Ansichten zu den Feststellungen und Empfehlungen der Mehrheit in einem Minderheitenbericht dem Plenum vorzulegen. Darüber hinaus ist jedes einzelne Ausschußmitglied gemäß § 23 IPA-Regeln befugt, seine persönlichen Ansichten in der Form des abweichenden Berichtes gesondert darzustellen. In der Praxis werden diese abweichenden Berichterstattungen sehr weitgehend genutzt.[33]

Damit wirken die Minderheitenrechte von der Einsetzung über die Tatsachenermittlung bis auf die Wertung ein. Während es bei der Tatsachenermittlung an sich um die Feststellung des wahren Sachverhalts geht, und damit die Ermittlung der „objektiven Wahrheit" im Vordergrund steht, birgt die Wertung des ermittelten Tatsachenmaterials eine größere Gefahr des Subjektiven in sich.

---

27 W. Damkowski, S. 25; R. Kipke, S. 37.

28 BVerfGE 49, 70 (86ff.); hierzu: Maunz/Dürig/Herzog/Scholz, Art. 44 Rdnr. 36 m.w. N.

29 W. Damkowski, S. 26; Maunz/Dürig/Herzog/Scholz, Art. 44 Rdnr. 35.

30 R. Kipke, S. 38.

31 „Die Formulierung des Untersuchungsauftrages muß allein Sache des Antragstellers sein. Steht hinter ihr das nach Art. 44 des Grundgesetzes erforderliche Viertel der Mitglieder des Deutschen Bundestages, kann der Antrag weder bei der Einsetzung noch bei der Durchführung durch eine Mehrheit umformuliert oder uminterpretiert werden .... Streitigkeiten darüber sind weder im Ausschuß selbst noch im Plenum des Bundestages durch eine politische Mehrheit, sondern im Organstreitverfahren vor dem Bundesverfassungsgericht zu entscheiden." Minderheitenbericht zum Flick-Untersuchungsbericht, BT-Drs. X/5079, Rdnr. 496.

32 Über die verfassungsrechtlich bedenklichen Auswirkungen des Respekts vor dem Minderheitenrecht vgl. auch M. Schröder, Gutachten zum 57. DJT (1988), S. 30ff.

33 Vgl. hierzu insbesondere Bericht (BT-Drs. X/5079), Minderheitenbericht (ebda.) und abweichende Meinungen (Anl. 1 und 2 zu BT-Drs. X/5079) des Flick-Untersuchungsausschusses.

Diese an sich schon schwer zu handhabende Aufgabe wird in der parlamentarischen Untersuchung durch die Minderheitenrechte darüber hinaus erschwert. Denn es eröffnet die Möglichkeit, den Untersuchungsausschuß als parteipolitisches Kontrollinstrument gegen die Regierung und die sie tragende parlamentarische Mehrheit zu benutzen.[34] Teilweise wird hierin auch der eigentliche Zweck des Untersuchungsverfahrens gesehen.[35] Befürchtungen über möglichen Mißbrauch der Minderheitenrechte führen dazu, den gerichtsähnlichen Charakter des Verfahrens zu bemühen, um auch die Tatsachenfeststellungen des Untersuchungsverfahrens nicht allzusehr den parteipolitischen Einflüssen auszusetzen. Sie heben die Ermittlung einer „objektiven" Wahrheit in den Vordergrund der politischen Untersuchung.[36]

Feststellung und Wertung der Untersuchungsausschüsse hängen im wesentlichen davon ab, welchem der beiden möglichen Pole — Kampfausschuß und Gericht — sie sich angesichts des Minderheitenrechtes nähern. In der Bundesrepublik Deutschland fehlt es nicht an Äußerungen über den Zweck einer politischen Untersuchung[37], aber solange die verbindliche Festlegung auf den einen oder anderen Pol fehlt, bleibt nicht nur die Standortbestimmung der politischen Untersuchung, sondern die Gestaltung ihres gesamten Verfahrens umstritten.

§ 4 Die Untersuchungsgegenstände

Grundsätzlich kann der Bundestag einen ad hoc-Untersuchungsausschuß zur Vorbereitung all seiner Aufgaben einsetzen, also im Rahmen seiner Gesetzgebungs-, Wahl-, Kontroll- und Öffentlichkeitsfunktion sowie zur Regelung der Parlamentsinterna.[38] Von Verfassungs wegen besteht eine Ausnahme hinsichtlich der Verteidigungsangelegenheiten. Sie sind gemäß Art. 45a GG von dem Ständigen Verteidigungsausschuß wahrzunehmen, der sich selbst zum Untersuchungsausschuß einsetzen kann. Das Plenum hat in Verteidigungsfragen damit keine eigene parlamentarische Untersuchungsinitiative.[39] Allerdings hat es die

[34] F. Bötsch, Das Recht parlamentarischer Untersuchungsausschüsse, in: Festschrift für Schellknecht, Heidelberg 1984, S. 9 ff. (12f.); H. Bickel, Referat zum 57. DJT (1988), Bd. 2, S. M 16.

[35] I.v. Münch, Art. 44, Rdnr. 39 m.w. N.

[36] So die h. M., vgl. Maunz/Dürig/Herzog/Scholz, Art. 44 Rdnr. 21 m.w. N.

[37] Siehe dazu: Parlamentarische Untersuchungsausschüsse — Kampfstätte oder Gericht. Eine Bilanz nach den Erfahrungen des Steiner-Ausschusses, ZParl 5 (1974), S. 496ff.; Empfehlungen der 51. Landtagspräsidententagung zur Weiterentwicklung des Rechts der parlamentarischen Untersuchungsausschüsse vom 19.10.1979, Abschnitt II, S. 26; R. Kipke, S. 82ff.

[38] I.v. Münch, Art. 44, Rdnr. 9; W. Damkowski, S. 26; Maunz/Dürig/Herzog/Scholz, Art. 44 Rdnr. 11.

[39] Als Begründung wird auf die grundsätzliche Geheimhaltungspflicht bei militärischen Angelegenheiten hingewiesen, vgl. G. Hahnenfeld, Bundestag und Bundeswehr, in: NJW 1963, S. 2145 (2146).

Möglichkeit, ad hoc-Untersuchungen über den Verteidigungsausschuß (z. B. Bestechungsvorwürfe gegen dessen Mitglieder) gemäß Art. 44 GG einzuleiten.[40]

Die Mehrzahl der parlamentarischen Untersuchungen betrifft die Kontrolle der Exekutive (Kontrollenquêten) und die Aufklärung politischer oder sonstiger Vorfälle von öffentlichem Interesse (Skandalenquêten).[41] Echte Gesetzgebungsenquêten sind bisher nur in zwei Fällen eingesetzt worden.[42] Um dem Erfordernis gerecht zu werden, langfristige Konzeptionen zu erarbeiten und politische Entwicklungen auf allen Gebieten zu erkennen, besteht in der Praxis die Notwendigkeit, neben Abgeordneten des Bundestages auch Experten in die Gesetzgebungsarbeit miteinzubeziehen.[43] Natürlich könnten die außerparlamentarischen Experten im Rahmen eines Untersuchungsverfahrens nach Art. 44 GG jederzeit auch als Sachverständige gehört werden. Doch damit hätten sie kein Stimmrecht und könnten nicht maßgeblich das Verfahren steuern. Aus diesem Grunde führte der Bundestag die „Enquête-Kommission“ als ein eigenständiges Vorbereitungsgremium für umfangreiche Gesetzgebungsarbeiten in die Geschäftsordnung ein. Allerdings hat die Enquête-Kommission gemäß § 56 GeschO BT nicht die Ausübungskompetenz, wie sie Art. 44 GG allein nur den ad hoc-Untersuchungsausschüssen verleiht.[44]

Auch die Wahlprüfung ist den ad hoc-Untersuchungsausschüssen faktisch entzogen. Die Entscheidung des Plenums wird durch den Wahlprüfungsausschuß des Bundestages vorbereitet.[45]

Bislang hat es auch auf dem Gebiet der Haushaltskontrolle noch keine parlamentarischen Untersuchungen gegeben.[46] Nach der umfassenden Untersuchungskompetenz des Bundestages könnte sich eine spezielle Untersuchung aber jederzeit auch diesem Sachgebiet widmen.[47]

---

[40] R. Kipke, S. 22.

[41] U. Thaysen, Die Wahrheiten der parlamentarischen Untersuchungsausschüsse, in: Bedarf das Recht der parlamentarischen Untersuchungsausschüsse einer Reform?, hrsg. von U. Thaysen und S. S. Schüttemeyer, S. 23.

[42] Grubenkatastrophe auf der „Zeche Dahlbusch“ im Jahre 1950 (Einsetzungsantrag, BT-Drs. I/980; Bericht wurde nicht erstattet) und der Untersuchungsausschuß „Bereinigung des Reichs- und Bundesrechts“ (Einsetzungsantrag, BT-Drs. II/3703).

[43] F. Schäfer, Der Bundestag, 4. Aufl. Opladen 1982, S. 278.

[44] Aus diesem Grunde empfahl die Enquête-Kommission, als „Verfassungsreform“ einen Art. 44 GG entsprechenden Art. 44a GG für das bedeutsame Sachgebiet der Enquête-Kommission in das Grundgesetz einzufügen (in: Zur Sache, 3/76, S. 27). Bislang wurde diese Empfehlung nicht umgesetzt.

[45] Wahlprüfungsgesetz vom 12. März 1951 (BGBl. I, S. 166) i. d. F. vom 24. April 1965 (BGBl. I, S. 977).

[46] Ein Grund hierfür mag in dem bereits bestehenden umfassenden Prüfungsrecht liegen, das durch Art. 110-115 GG, die Bundeshaushaltsordnung und durch die Tätigkeit des Bundesrechnungshofes, des Haushaltsausschusses und seines Rechnungsprüfungsausschusses dem Bundestag ausreichende Untersuchungsrechte einräumt (vgl. hierzu F. Schäfer, Der Bundestag, S. 255 ff.).

Auch die Kontrolle der Nachrichtendienste könnte als eine unbestrittene Aufgabe des Bundestages einem Untersuchungsausschuß übertragen werden. Bislang hat sich lediglich in der 4. Wahlperiode ein Untersuchungsausschuß mit diesen Fragen befaßt.[48] Die Bundesregierung unterliegt seit 1978 hinsichtlich der Tätigkeit des Bundesamtes für Verfassungsschutz, des militärischen Abschirmdienstes und des Bundesnachrichtendienstes der Kontrolle durch die eigenständige parlamentarische Kontrollkommission.[49] Ihr Aufgabengebiet überschneidet sich teilweise mit den Aufgaben des Gremiums und der Kommission nach dem Gesetz aus Art. 10 GG, die der Überwachung von Maßnahmen, die nach dem Gesetz zur Beschränkung des Brief-, Post- und Fernmeldegeheimnisses vorgenommen werden, dienen.[50]

Darüber hinaus versucht die herrschende Meinung, thematische Ausweitungen der politischen Untersuchungen dadurch zu begrenzen, daß gewisse Gegenstände von vornherein für nicht untersuchungstauglich erklärt werden. Die dazu entwickelten Kriterien haben ihren Ausgangspunkt in der von Egon *Zweig* begründeten Korollartheorie, wonach Untersuchungsausschüsse nur mit Gegenständen befaßt werden können, die an sich dem sonstigen Aufgabenkreis des Parlaments unterfallen.[51] Der Untersuchungsausschuß unterliegt bei Anwendung dieser Kriterien den gegenständlichen Grenzen, denen das Parlament selbst als Träger der öffentlichen Gewalt ausgesetzt ist. Parlamentarische Untersuchungen des Bundestages können somit nur im Rahmen der bundesstaatlichen Kompetenzordnung durchgeführt werden. Sie sind — entsprechend dem Bundesstaatsprinzip — auf die Untersuchungen von Bundesangelegenheiten beschränkt.[52] Ausgeschlossen sind danach Untersuchungen, die ausschließlich den Ländern vorbehaltene Aufgaben zu ihrem Gegenstand machen, ohne daß ein unmittelbarer Bezug zum Bund hergestellt wird.[53] So wurde im Bundestag die Einsetzung eines Untersuchungsausschusses zur Klärung der Verantwortlichkeit einer Zechenleitung für ein Grubenunglück in Nordrhein-Westfalen damit begründet, daß angesichts dieses Ereignisses „Anlaß besteht, die Grubensicherheits- und Arbeitsschutzvorschriften usw. bundesgesetzlich neu zu regeln".[54] Die gegen diese Praxis erhobenen Vorwürfe einer „künstlichen

---

[47] F. Schäfer, Der Bundestag, S. 279.

[48] „Telefon-Abhöraffäre" (Verfassungsschutz) 1963, Einsetzungsantrag (BT-Drs. IV/1544) und Bericht (BT-Drs. IV/2170).

[49] Gesetz über die parlamentarische Kontrolle nachrichtendienstlicher Tätigkeit des Bundes v. 11.4.1978 (BGBl. I, S. 453).

[50] F. Schäfer, Der Bundestag, S. 285.

[51] E. Zweig, in: ZfP 1913, S. 267ff.; grundlegend hierzu auch RGZ 104, 423ff. sowie Hess. StGH, DÖV 1967, S. 1ff.

[52] A. Schleich, Das parlamentarische Untersuchungsrecht des Bundestages, 1985, S. 79; F. Arloth, Grundlagen und Grenzen des Untersuchungsrechts parlamentarischer Untersuchungsausschüsse, in: NJW 1987, S. 808 (809).

[53] Hierzu M. Schröder, Gutachten für den 57. DJT (1988), Bd. 1, S. 27ff.

[54] BT-Drs. I/980, S. 16.

Konstruktion“[55], um ein Untersuchungsrecht des Bundes im Bereich der alleinigen Gesetzgebungskompetenz der Länder zu begründen, haben sich bisher nicht durchgesetzt. Zu kontroversen Kompetenzbegründungen führte die Einsetzung des sog. „U-Boot-Ausschusses“[56], der neben dem Verhalten der Bundes- auch solches der Länderexekutiven in den Untersuchungsauftrag einbezog.

Eine weitere Präzisierung der Korollartheorie erfolgt dahingehend, daß es sich bei den Untersuchungen um „Einzelfälle“ handeln muß, an denen ein öffentliches Interesse besteht. Der Untersuchungsausschuß soll kein allgemeiner Kontrollausschuß sein.[57] Er ist von vornherein thematisch auf eine Einzelfalluntersuchung zu begrenzen und darf zu keiner begleitenden Überwachung anderer Zweige der Staatlichkeit führen. Diese Beschränkungen werden allgemein aus dem Gewaltenteilungsprinzip abgeleitet.[58] Gäbe es sie nicht, so würde die Stellung von Regierung und Parlamentsminderheit grundlegend verändert. Die Beeinträchtigung der Regierung durch ein „Imperatives Mandat“ des Untersuchungsausschusses wäre ansonsten zu befürchten.[59]

Ein weiteres Kriterium der Beschränkung ist das „öffentliche Interesse“. Hier fehlt es an einer präzisen Begriffsdefinition durch die herrschende Meinung.[60] Dem öffentlichen Interesse wird gemeinhin die Privatsphäre gegenübergestellt. In Zweifelsfällen hat das Plenum selbst in seiner Entscheidung für die Einsetzung eines Untersuchungsausschusses zugleich auch darüber befunden, ob diese Voraussetzung vorlag.[61] Das Kriterium des „öffentlichen Interesses“ wurde bis Mitte der 80er Jahre mangels einer Ausschußpraxis kaum diskutiert. Private Vorgänge wurden nämlich über Jahrzehnte höchstens mittelbar, d. h. im Rahmen einer gegen die Regierung gerichteten Untersuchung behandelt. Das änderte sich mit der Einsetzung des Untersuchungsausschusses „Neue Heimat“ im Jahre 1986. Er befaßte sich unmittelbar mit Verhaltensweisen des gemeinnüt-

---

[55] K. J. Partsch, Gutachten zum 45. DJT (1964), Bd. 1, S. 16.

[56] BT-Drs. X/6709 und XI/55; vgl. hierzu J. Jekewitz, Parlamentarische Untersuchungsausschüsse und Minderheitenrechte, in: RuP 1987, S. 23ff.

[57] h. M.; vgl. F. Arloth, 811ff.

[58] RGZ 102, 425 (427ff.); HessStGH, DÖV, 1967, 51 (55); Böckenförde, Parlamentarische Untersuchungsausschüsse und kommunale Selbstverwaltung, in: AÖR 1978, 1 (97ff.); Maunz/Dürig/ Herzog/Scholz, Art. 44 Rdnr. 17; Bay. VerfGH, NVwZ 1986, 822 (824).

[59] M. Kriele, Die Grenzen der Aktenvorlagepflicht unter besonderer Berücksichtigung von Art. 32 Hamburger Verfassung, unveröffentlichtes Rechtsgutachten im Auftrage des Senats der Freien- und Hansestadt Hamburg, Köln 1972, S. 37.

[60] Maunz/Dürig/Herzog/Scholz, Art. 44 Rdnr. 19 m.w. N.; generell ablehnend H. J. Mengel, Die Auskunftsverweigerung der Exekutive gegenüber parlamentarischen Untersuchungsausschüssen, in: EuGRZ 1984, 97 (99).

[61] R. Scholz, Parlamentarischer Untersuchungsausschuß und Steuergeheimnis, in: AÖR 105 (1980), 565 (595ff.); A. Schleich, Das Parlamentarische Untersuchungsrecht des Bundestages, S. 31ff.

zigen Privatunternehmens, was sogleich zu einer Kontroverse über seine Zulässigkeit führte.[62]

§ 5 Der exekutive Kernbereich als Schranke des parlamentarischen Untersuchungsrechts

Von besonderer Problematik im Bereich der Kontrollenquêten ist, wieweit das parlamentarische Untersuchungsrecht gegenüber der Exekutive reicht. Die Frage berührt sowohl die Zulässigkeit der Untersuchungsgegenstände als auch die Reichweite einzelner Beweiserhebungsrechte. Eine pauschale Antwort kann und sollte auch nicht[63] für alle Fälle gegeben werden. Wegen des bestehenden Minderheitenschutzes ist sie aber gegenwärtig in Einzelfällen geboten. Nach herrschender Meinung ist die Grenzziehung der Untersuchung im Verhältnis zur Exekutive nur aus dem Kernbereichsverständnis zu bestimmen.[64] Danach wird jede Gewalt in ihrem Kernbereich vor Übergriffen und Überlagerungen durch andere Gewalten geschützt.[65] Das Verhältnis von Regierung und Parlament ist im parlamentarischen Regierungssystem des Grundgesetzes dadurch gekennzeichnet, daß eine strikte Trennung zwischen den Funktionsträgern nicht existiert. Die parlamentarische Regierung ist auf das Vertrauen des Parlaments, jedenfalls seiner Mehrheit, gestützt. Dieses charakteristische Vertrauensverhältnis findet in der Abhängigkeit der Regierung vom Parlament durch die Einsetzung im Wege der Wahl und der Verfügungsmöglichkeit über ihren Bestand seinen Ausdruck. Andererseits müssen die Regierungsaufgaben von der Bundesregierung eigenständig wahrgenommen werden. Formell wird diese Eigenständigkeit in Art. 43 GG dokumentiert, wonach dem Bundestag ein Zitierungsrecht und der Regierung ein eigenständiges Zugangs- und Rederecht im Parlament zugestanden werden.[66] Wäre die parlamentarische Regierung lediglich Empfänger parlamentarischer Imperative, machte diese Regelung keinen Sinn. Wäre die Regierung bloß ein Parlamentsausschuß, könnte das Parlament ja ohnehin jederzeit über die Regierung verfügen. Eines besonderen grundgesetzlichen Instrumentariums bedürfte es dann nicht mehr. Zur Verantwortung kann aber nur gezogen werden, wer zunächst eine eigenständige Entscheidungsbefugnis besitzt. Das Prinzip der Eigenständigkeit gegenüber dem Parlament gebietet nun aber, daß sie in ihrem Kern bewahrt werden muß.[67]

---

[62] Für die Zulässigkeit „jedenfalls" im Bereich solcher privaten Unternehmen, die in erheblichem Umfang aus staatlichen Mitteln gefördert oder steuerlich begünstigt werden: BVerfGE 77, 1 (39); vgl. hierzu: M. Schröder, Gutachten zum 57. DJT (1988), S. 15ff.

[63] Vgl. dazu Schlußfolgerungen, § 40.

[64] V. Busse, Der Kernbereich exekutiver Eigenverantwortung im Spannungsfeld der staatlichen Gewalten, in: DÖV 1989, S. 45ff. m.w. N.

[65] K. Stern, Das Staatsrecht der Bundesrepublik Deutschland, Bd. II, S. 541 ff. m.w. N. und der Klarstellung, daß der Kernbereichschutz gerade im Verhältnis zwischen Parlament und Regierung eine besondere Bedeutung hat.

[66] BVerfGE 10, 4 (17).

Das parlamentarische Regierungssystem unter dem Grundgesetz ist gerade im Bereich der parlamentarischen Untersuchung durch die starke Position der Minderheiten geprägt. Das grundsätzliche Verhältnis zwischen Regierung und Parlament wird dadurch in einer besonderen Weise gestaltet, so daß es unumgänglich ist, den exekutiven Kern auch dem parlamentarischen Untersuchungsrecht grundsätzlich unzugänglich zu machen. Denn ansonsten könnte sich die parlamentarische Opposition mittels der Minderheitenrechte über alle Pläne, Absichten, Überlegungen und Meinungen der Regierung auf dem Laufenden halten. Sie könnte mitreden, mitplanen, mitberaten und aus eigener Initiative auf die Entscheidungen der Regierung wesentlichen Einfluß nehmen. Sie könnte ferner Meinungsdifferenzen aufdecken, ausnutzen, schüren und das geschlossene Auftreten der Regierung nach außen illusorisch machen. Die Opposition könnte ferner Initiativen der Regierung vorwegnehmen und als eigene beantragen, ehe die Regierung sie beschlossen hat. Kurz: gäbe es diesen Kernbereich der Regierung in der parlamentarischen Untersuchung nicht, würde das Verhältnis zwischen Regierung und Opposition entscheidend umgestaltet.[68]

Das Bundesverfassungsgericht nahm das Herausgabebegehren von Regierungsunterlagen der Minderheit in seiner *Flick*-Entscheidung zum Anlaß, in einem obiter dictum den exekutiven Kernbereich erstmalig als Schranke für einzelne Beweiserhebungsrechte zu bezeichnen.[69] In der Literatur sind diese Gedanken aufgegriffen und allgemein auch auf die Zulässigkeit von Untersuchungsgegenständen übertragen worden.[70] Ausgenommen ist daher von parlamentarischen Untersuchungen grundsätzlich der exekutive Kernbereich, der auch für die Gegenstandsbegrenzung als der eigenständige Handlungs-, Initiativ- und Beratungsbereich der Regierung definiert wird. Grundsätzlich ist die Regierung nur für ihre Entscheidungen verantwortlich. Beratungen einschließlich ihrer Aufzeichnungen und Protokolle, Alternativen zu Entscheidungen einschließlich ihrer Entwürfe, Diskussionen einschließlich der zur Diskussion gestellten Anträge und Abstimmungen einschließlich ihrer Ergebnisse im Kabinett sind damit im Regelfall vor Einsichtnahme geschützt. Die Entscheidungsvorbereitungen sind aber dann einer parlamentarischen Untersuchung zugänglich, wenn ein an sich zulässiges Untersuchungsthema die Gesetzlichkeit und Lauterkeit von Regierungsmitgliedern oder Verhaltensweisen zum Gegenstand hat und hierbei reale Anhaltspunkte für Ungesetzlichkeiten aus dem exekutiven Kernbereich vorliegen.[71]

---

[67] K. Stern, Das Staatsrecht der Bundesrepublik Deutschland, Bd.33I, S. 968 m.w. N.

[68] M. Kriele, Gutachten, S. 37ff.; K. Stern, Die Kompetenz der Untersuchungsausschüsse, S. 239.

[69] BVerfGE 67, 100 (139)

[70] W. Damkowski, S. 38; H. J. Mengel, in: EuGRZ 1984, S. 97 ff, S. 102.

[71] Vgl. hierzu: BVerfGE 67, 100 (139); VerfG Hbg. DÖV 1973, (746); M. Kriele, Gutachten, S. 43, 86; H. Thieme, Das Verhältnis der parlamentarischen Untersuchungs-

§ 6 Die Befugnisse des Untersuchungsausschusses

Nach dem kompetenzbegründenden Sprachgebrauch in Art. 44 Abs. 1 GG „erheben" die Untersuchungsausschüsse die erforderlichen Beweise selbst. Das Beweiserhebungsrecht wird durch den Verweis auf die „sinngemäße Anwendung" der Vorschriften des Strafprozesses konkretisiert.

Aber mit der Wahl der Formulierung „sinngemäß" ist klargestellt, daß die heranzuziehenden Normen in ihrem Umfang immer unter Berücksichtigung von Sinn und Zweck der parlamentarischen Untersuchung anzuwenden sind. Das im Verfassungsrang stehende Beweiserhebungsrecht aus Art. 44 Abs.1 GG hat Vorrang und bleibt immer beherrschend für die Anwendung der einfachgesetzlichen Normen des Strafprozesses.[72]

Grundsätzlich finden über diesen Verweis alle Beweismittel der Strafprozeßordnung Anwendung im Untersuchungsverfahren. Von praktischer Bedeutung sind vor allem der Zeugen- und Urkundenbeweis. Für den Zeugen gelten die drei strafprozessualen Zeugenpflichten: Die Pflicht zum Erscheinen, die Aussagepflicht und die Pflicht, sich ordnungsgemäß zu verhalten.[73] Zur Durchsetzung dieser Pflichten stehen dem Untersuchungsausschuß die Maßnahmen des Zeugenzwanges zu Verfügung. Dem nicht erschienenen Zeugen können die durch sein Ausbleiben verursachten Kosten auferlegt werden. Der Ausschuß hat die Möglichkeit, den Zeugen zwangsweise vorführen zu lassen, wenn die Besorgnis besteht, daß er auch im nächsten Termin nicht erscheinen wird. Auch hat der Ausschuß die Befugnis, ein Ordnungsgeld im Falle des ungebührlichen Verhaltens des Zeugen festzusetzen.[74]

Umstritten ist, ob der Untersuchungsausschuß auch die Ordnungshaft zur Erzwingung der Anwesenheit bzw. der Aussage anordnen kann, oder auf die Rechtshilfe der ordentlichen Gerichte angewiesen sein soll. Dies war Gegenstand heftiger Auseinandersetzung im Falle der Aussageverweigerung des Vorstandsvorsitzenden Lappas der gewerkschaftseigenen Beteiligungsgesellschaft AG.[75] Nach heute herrschender Meinung hat der Untersuchungsaus-

---

ausschüsse zur Exekutive, Diss. Göttingen 1983, S. 110f; zur Kritik der Flick-Entscheidung vgl. auch W. Damkowski, S. 38 sowie V. Busse, S. 45ff.

[72] BVerfGE 67, 100 (128)

[73] W. Damkowski, S. 43.

[74] OVG Berlin, DVBl 1970, 293; Maunz/Dürig/Herzog/Scholz, Art. 44 Rdnr. 8.

[75] Der Untersuchungsausschuß „Neue Heimat" beantragte am 17.10.1986 beim Amtsgericht Bonn gegen den Zeugen Alfons Lappas, die Haft gem. § 70 (2) StPO anzuordnen und zu vollstrecken. Am 19. Oktober 1986 beschloß das Amtsgericht Bonn (50 GS 1150/86) antragsgemäß: „Gegen den Zeugen Alfons Lappas wird zur Erzwingung des Zeugnisses .... mit sofortiger Wirksamkeit die Haft für die Dauer von bis zu 6 Monaten, jedoch nicht über die Dauer der Tätigkeit des Ausschusses hinaus, angeordnet". Vgl. zum Ganzen die Darstellung in: Beschlußempfehlung und Bericht des III. Untersuchungsausschusses „Neue Heimat" BT-Drs. X/6779, Rdnr. 27-33; M. Schröder, Gutachten zum 57. DJT (1988), S. 62ff.; BVerfGE 76, 363 (383).

schuß die ordentlichen Gerichte bei der Ausübung seiner Erzwingungsbefugnisse einzubeziehen. Ordnungshaft sowie Erzwingung der Anwesenheit bzw. der Aussage müssen vom Untersuchungsausschuß bei den zuständigen Gerichten beantragt und von ihnen angeordnet werden.[76]

Die „Beweiserhebung" hat durch ihre grundgesetzliche Verankerung in Art. 44 Abs.1 GG einen Inhalt, der über die eigentlichen Beweiserhebungsrechte der Strafprozeßordnung hinaus geht. Sie umfaßt nicht nur die Zeugenvernehmung, Akteneinsicht und den Augenschein, sondern auch die der „Beweissicherung" dienenden Durchsuchungs- und Beschlagnahmerechte. Das Bundesverfassungsgericht[77] hält die Durchsuchung und Beschlagnahme bei Privaten für zulässig. Der Untersuchungszweck wäre ansonsten gefährdet, könnte der Untersuchungsausschuß sich Urkunden erforderlichenfalls nicht gegen den Willen der Verwahrer beschaffen. Die Befugnis, in solchen Fällen eine Zeugenvernehmung zu veranlassen, wäre dagegen nicht ausreichend. Aber soweit diese Beweissicherungsrechte in Betracht kommen, kann der Untersuchungsausschuß auch diese nicht selbst anordnen. Er kann sie ebenfalls nur bei dem zuständigen ordentlichen Gericht beantragen. Die Anordnung selbst trifft ein unabhängiger Richter.[78]

Schon in der Weimarer Zeit war kontrovers, ob die Differenzierung zwischen dem Zeugen und dem Beschuldigten im Strafverfahren auch in das Untersuchungsverfahren entsprechend übernommen werden sollte.[79] Die Problematik ist nach wie vor aktuell.[80] Einen Sonderstatus für den „Betroffenen" sehen die IPA-Regeln für einen begrenzten Personenkreis vor.[81] Gegen diese Sonderstellung wird eingewandt, daß das Untersuchungsverfahren einen „Beschuldigten" im formalen Sinne nicht kenne und die persönliche Beziehung zum Gegenstand der Untersuchung folglich keine Berücksichtigung finden könne. In der Praxis ist es wiederholt vorgekommen, daß Ausschüsse den von der Untersuchung „Betroffenen" im Einzelfall Sonderrechte zugestanden haben, ohne daß damit generell dieser Sonderstatus anerkannt wurde.[82]

---

[76] W. Damkowski, S. 44.

[77] NJW 1984, 1345; dagegen: v. Mangoldt/Klein, Anm. III 5b zu Art. 44; Bonner Kommentar, Art. 44 Rdnr. 29.

[78] BVerfGE 76, 363 (384); StGH Bremen, DÖV 1970, 387; vgl. auch § 13 Abs.4 IPA-Regeln

[79] M. Alsberg, Gutachten zum 34. DJT (1925) Bd. 1, S. 376 ff.; E. Jacobi, Verhandlungen zum 34. DJT, Bd. 2, S. 71 ff.; K. Heck, Das parlamentarische Untersuchungsrecht, Stuttgart 1925, S. 65 ff.

[80] Vgl. M. Schröder, Gutachten für den 57. DJT (1988), S. 45 ff. m.w. N.

[81] § 18 Abs.1 Ziff. 1-3 hinsichtlich des Bundespräsidenten, der Abgeordneten, der Regierungsmitglieder und Richter; Ziff. 4 enthält eine allgemeine Regel für Zeugen, gegen die sich die Untersuchung ganz oder überwiegend richtet.

[82] Nachweise bei M. Schröder, S. 45 ff.

Auch die Exekutive unterliegt den kompetenzbegründenden und — begrenzenden Normen des Strafprozesses in „sinngemäßer Anwendung“.[83] Innerhalb des normalen Strafverfahrens ist es der Regierung möglich, die Aussage- bzw. Aktenvorlagegenehmigung gemäß §§ 54 und 96 StPO zu verweigern, wenn die Aussage bzw. Aktenvorlage dem Wohle des Bundes oder eines deutschen Landes Nachteile bereiten oder die Erfüllung öffentlicher Aufgaben ernstlich gefährden oder erheblich erschweren würde. Dieser Verweigerungsgrund ist gemäß § 54 Abs.2 StPO ausdrücklich nur für die Aussagegenehmigung formuliert.[84] Eine Berufung auf die „erhebliche Erschwerung“ der Aufgabenerledigung ist bei der Aktenvorlage nach § 96 StPO nicht als Verweigerungsgrund genannt. Da es jedoch sinnwidrig wäre, unterschiedliche Anforderungen an die Weitergabe von schriftlichen und mündlichen Informationen an Untersuchungsausschüsse zu stellen, sind die Vorschriften über die Erteilung der Aussagegenehmigungen in gleicher Weise auf die Vorschriften über die Vorlage von Akten anzuwenden. Die Verweigerung der Vorlage von Akten ist somit nach den gleichen Grundsätzen zu beurteilen wie die Verweigerung der Aussagegenehmigung.[85] Das Bundesverfassungsgericht führte dazu aus, daß die Ausübung des Untersuchungsrechts in geeigneter Weise unter Wahrung des Dienstgeheimnisses zu schützen sei. Die Bundesregierung trifft damit die Pflicht, die Möglichkeiten auszuschöpfen, wie sie die Geheimschutzordnung zur Wahrung des Dienstgeheimnisses eröffnet.[86] Sie kann den Geheimhaltungsgrad verbindlich festlegen. Nach § 7 der Geheimschutzordnung[87] kann dafür Sorge getragen werden, daß bei Verschlußsachen unbefugten Personen jeder Zugang zu den in den Untersuchungsausschüssen geäußerten Informationen verwehrt wird. Informationen können dem Ausschuß in vertraulicher Sitzung übermittelt werden. Auch die Abschlußberichte der Untersuchungsausschüsse enthalten die Informationen nicht oder nur in anonymisierter Form. Schließlich besteht die Möglichkeit des Vorsitzendenverfahrens, das zusätzlich gewährleistet, daß der Geheimhaltungsbedürftigkeit Rechnung getragen wird. Im Ergebnis stellt das parlamentarische Untersuchungsverfahren Vorkehrungen zur Verfügung, die es der Regierung unmöglich machen, ihre Verweigerung auf den Schutz privater Rechte oder Sicherheitsinteressen des Staates zu stützen.[88]

---

[83] BVerfGE 67, 100 (133)

[84] Vgl. dazu W. Damkowski, S. 43.

[85] R. Scholz, Parlamentarischer Untersuchungsausschuß und Steuergeheimnis, S. 564 (612ff.)

[86] BVerfGE 67, 100 (138).

[87] Anlage 3 zu der Geschäftsordnung des Bundestages; sie ist gemäß § 17 GeschO BT ihr Bestandteil.

[88] BVerfGE 67, 100 (135); H.-J. Mengel, S. 97ff., der zutreffend darauf hinweist, daß das Parlament wegen seiner ihm zugewiesenen verfassungsrechtlichen Stellung nicht grundsätzlich als Sicherheitsrisiko eingestuft werden kann. Voraussetzung ist allerdings auch hier, daß die erforderlichen Vorsichtsmaßnahmen im parlamentarischen Untersuchungsverfahren sichergestellt werden.

Angesichts dieser Verfahrensmöglichkeiten stellt nur noch der Kernbereich exekutiver Eigenverantwortung eine zulässige Begrenzung der parlamentarischen Beweiserhebungsrechte dar.[89]

§ 7 Die gerichtliche Kontrolle der politischen Untersuchung

Der Sachverhalt einer parlamentarischen Untersuchung bzw. Teile davon können zuvor oder anschließend Gegenstand eines Gerichtsverfahrens sein. Alle Verfahren können auch gleichzeitig durchgeführt werden.[90] Den Grundsatz des Sub Judice kennt das deutsche Verfassungsrecht nicht. Eine Verpflichtung zur Aussetzung des Untersuchungsverfahrens besteht demzufolge nicht. Die Forderung, zumindest parallelen Strafverfahren den Vorrang einzuräumen, wurde bereits in der Weimarer Republik erhoben.[91] Bislang wurde dieser Vorrang des Gerichtsverfahrens von der herrschenden Meinung mit der Begründung abgelehnt, es würde das parlamentarische Untersuchungsverfahren in einer mit seinem Zweck unvereinbaren Weise eingeschränkt werden. Das Parlament müsse in der Lage sein, jederzeit ohne Verzögerungen Ermittlungen anzustellen. Eine Beeinträchtigung der parallelen Gerichtsverfahren bestehe schon wegen der unterschiedlichen Zielsetzung der Verfahrensarten nicht.[92]

Nach Art. 44 Abs.4 GG sind die Beschlüsse der parlamentarischen Untersuchungsausschüsse der richterlichen Kontrolle entzogen. Nach herrschender Meinung sind damit aber nur diejenigen Beschlüsse gemeint, die das Untersuchungsverfahren abschließen.[93] Nur das im Schlußbericht enthaltene Ergebnis der parlamentarischen Untersuchung soll vor einer gerichtlichen Nachprüfung gesichert sein. In der gerichtlichen Kontrolle des Abschlußberichtes wird die Gefahr gesehen, das Kontrollrecht des Parlaments könne zu einem untauglichen oder weniger wirksamen Instrument gemacht werden. Hinsichtlich aller im „Vorfeld“ des Abschlußberichtes ergehenden „Beschlüsse“ gilt dagegen uneingeschränkt der Grundsatz des Art. 19 Abs. 4 GG, wonach gegen alle hoheitli-

---

[89] BVerfGE 67, 100 (139), vgl. dazu Ausführungen in § 5.

[90] R. Kipke, S. 47.

[91] So der Beschluß des 6. Deutschen Richtertages (1925): „Von der Notwendigkeit der Aufrechterhaltung einer reinlichen Rechtspflege durchdrungen, erhebt der Deutsche Richtertag lebhaften Widerspruch gegen die Tätigkeit der parlamentarischen Untersuchungsausschüsse neben dem ordentlichen Strafverfahren. Eine solche Ausdehnung der parlamentarischen Untersuchung dient nicht der objektiven Wahrheitsfindung; sie bedeutet die parteiische Durchkreuzung der Wahrheitsermittlung durch die unparteiische Rechtspflege.“ abgedruckt in: DRiZ 1925, Heft 10, Beilage S. 25.

[92] So Maunz/Dürig/Herzog/Scholz, Art. 44 Rdnr. 62 m.w. N.; Die Aussetzung des Untersuchungsverfahrens liegt nach § 22 IPA-Regeln ausschließlich im politischen Ermessen des Untersuchungsausschusses.

[93] OVG Hamburg, NVwZ 1967, 610 m.w. N.; Nach Schmidt-Bleibtreu / Klein ist auch eine Überprüfung durch das Bundesverfassungsgericht nicht zulässig (Art. 44 Rdnr. 11).

chen Maßnahmen mit Rechtswirkung gegenüber dem einzelnen der Rechtsweg eröffnet ist.[94]

Angesichts des Art. 44 Abs. 4 GG kommt somit der Individualrechtsschutz nur noch in zwei Stadien in Betracht, nämlich gegen die Einsetzung und gegen die Beweiserhebungsbeschlüsse des Untersuchungsausschusses. Durch die Ausdehnung der Untersuchungsausschüsse auf die Kontrolle der Privatsphäre wird angesichts des Grundrechtsschutzes[95] zunehmend Rechtsschutz des Bürgers gegen die Einsetzung selbst gefordert.[96] Denn nach dem Rechtsstaatsprinzip soll der Bürger auch vor unnötigen Ermittlungen und staatlichen Eingriffen im Rahmen einer parlamentarischen Untersuchung geschützt werden und somit auch jederzeit mittels einer Grundrechtsklage die Einsetzung eines Untersuchungsausschusses unterbinden können. Bislang gilt der Grundsatz, daß die Einsetzung des Untersuchungsausschusses regelmäßig noch keine Rechte verletzt.[97] Die ablehnende Haltung der bisherigen Rechtsprechung bietet den Befürwortern des Rechtsschutzes allerdings Einfalltore, da sie die Grundrechtsklage nicht schlechthin ausschließt.[98] Angesichts der erheblichen praktischen Konsequenzen einer derartigen Grundrechtsklage gegen die Einsetzung eines Untersuchungsausschusses sollte es bei dem Grundsatz verbleiben, daß Rechtsschutz nur im Untersuchungsverfahren selbst gewährt wird. Denn als Rechtsweg käme mangels Vorliegens einer doppelten Verfassungsstreitigkeit nur der Verwaltungsrechtsweg in Betracht. Wegen der Eilbedürftigkeit[99] wäre sogar gegen die Einsetzung das einstweilige Verfahren gemäß § 123 VwGO möglich, womit unter Umständen Landesverwaltungsgerichte letztinstanzlich über eine materielle Bundesverfassungsstreitigkeit entscheiden würden.[100]

Das bisherige Schwergewicht des individuellen Rechtsschutzes betrifft bislang das Untersuchungsverfahren. Allerdings ist der Rechtsweg nicht einheitlich. Nahezu alle Gerichtszweige kommen mit dem Untersuchungsverfahren in Berührung. Bei Untersuchungshandlungen, die der Ausschuß selbst vornimmt,

---

94 VG Mainz, NVwZ 1986, 589 (591); OVG Münster, DVBl 1987, 100 (101); LG Bonn, NJW 1987, 790ff.

95 Untersuchungsausschüsse üben wie das Parlament öffentliche Gewalt aus und unterliegen aus diesem Grunde wie das Hauptorgan selbst gemäß Art. 1 Abs. 3 GG der Grundrechtsbindung. Vgl. hierzu: J. Linck, Untersuchungsausschüsse und Privatsphäre, in: ZRP 1987, S. 11ff. (16f.).

96 H. Schmelter, Rechtsschutz gegen nicht zur Rechtsetzung gehörende Akte der Legislative, 1977, S. 62f., 91; U. di Fabio, Rechtsschutz im parlamentarischen Untersuchungsverfahren, Diss. Bonn 1987, III. Teil.

97 HessStGH, ESVGH 22, 136ff.; Bay. VerfGH 1983, 211 (213)

98 Vgl. dazu die Ausführungen bei: M. Schröder, S. 33ff. m.w. N.

99 Die zeitliche Eingrenzung der Untersuchungsverfahren führt dazu, daß der Rechtsschutz überwiegend im Eilverfahren gewährt werden muß. Vgl. hierzu: M. Hilf, Untersuchungsausschüsse vor den Gerichten, S. 543.

100 Zu Recht weist M. Schröder auf diesen unhaltbaren Zustand hin; S. 35.

ist der Verwaltungsrechtsweg eröffnet.[101] Bei Anwendung von Befugnissen, die vom Ermittlungsrichter gemäß § 162 StPO vorzunehmen sind, sind die ordentlichen Gerichte zuständig.[102]

Das Bundesverfassungsgericht kommt in erster Linie über das Organstreitverfahren mit der parlamentarischen Untersuchung in Berührung. Das Organstreitverfahren kann sowohl hinsichtlich der Einsetzung als auch einzelner Beweiserhebungsrechte von den politisch beteiligten Organen bzw. Organteilen gewählt werden. Darüber hinaus steht als besonderer Rechtsbehelf auch die Verfassungsbeschwerde zur Verfügung.[103]

---

[101] Im Falle des Streites um die Herausgabe von Steuerakten kommt sogar der Finanzrechtsweg in Betracht. Vgl. BFH, BStBl. 1972, 284; 1973, 119 und FinG. Hamburg, NVwZ 1986, S. 598ff.

[102] M. Schröder, S. 89.

[103] M. Hilf, S. 544ff.

2. Kapitel

Das parlamentarische Untersuchungsrecht in England

1. Abschnitt

Das Tribunal of Inquiry (Untersuchungstribunal)

§ 8 Von der Unzulänglichkeit parlamentarischer ad hoc-Untersuchungsausschüsse

Sonderausschüsse (Select Committees) des Parlaments sind so alt wie das Parlament selbst.[1] Seit dem 14. Jahrhundert ist es üblich, daß beide Häuser Sonderausschüsse einsetzen, um besondere Parlamentsaufgaben im Auftrage des jeweiligen Hauses vorzubereiten. Zu diesem Zwecke waren sie schon zu der damaligen Zeit mit den klassischen Beweiserhebungsrechten „to send for persons, papers and records"[2] ausgestattet. Aber erst zur Zeit der Tudors wurden die Select Committees ein beständiges Element in der parlamentarischen Arbeit. Ihr Aufgabengebiet war jedoch auch weiterhin noch gemischt. Es reichte von den Wahl- und Privilegien-Enquêten bis hin zu den Beschwerde-, Handels- sowie Religions-Enquêten. Zum Instrumentarium der parlamentarischen Kontrolle wurden die Select Committees aber erst gegen Ende des 17. Jahrhunderts. Die Entwicklung der politischen Untersuchung hing aufs engste mit der Herausbildung der parlamentarischen Regierungsform zusammen. Noch vor der grundlegenden Änderung der Legitimation der politischen Machtverhältnisse im Jahre 1688 kristallisierte sich unter den Stuart-Königen ein eigenständiges politisches Exekutivgremium heraus: das Kabinett.[3] Die Skepsis des Parlaments gegenüber dieser königlichen Institution war seit ihrem Bestehen vorhanden. Die Kabinettsmitglieder waren ausschließlich dem König verantwortlich und handelten nur in seinem Namen.[4] So fand die erste spektakuläre parlamentari-

---

[1] Vgl. zur Geschichte der Select Committees: J. Redlich, Recht und Technik des englischen Parlamentarismus, Leipzig 1905, S. 469ff.; J. R. Gascard, Das parlamentarische Untersuchungsrecht in rechtsvergleichender Sicht, Diss. Kiel 1966, S. 1ff.; S. I. Aschauer, Die parlamentarische Kontrolle der Regierung, Diss. Bonn 1966, S. 146ff.

[2] Vergleichbar dem deutschen Zeugen- und Urkundenbeweis, einschließlich des Zeugenzwanges.

[3] Wegen der Unbeliebtheit wurde diese Institution mit so typisch unenglischen Namen wie „Junto" und „Cabal" bezeichnet; vgl. hierzu: I. Fetscher, Großbritannien, 3. Aufl. Frankfurt 1978, S. 150.

[4] O. H. Phillips u. P. Jackson, Constitutional and Administrative Law, 17. Aufl. London 1987, S. 298ff.

sche Untersuchung des House of Commons im Jahre 1679 noch unter dem klassischen Dualismus zwischen Krone und Parlament statt.[5] Doch mit der Festigung des Kabinettsystems im 18. Jahrhundert änderte sich dieses Bild. Die Exekutive lag nun in den Händen der von der Parlamentsmehrheit getragenen Regierungspartei. Die Opposition bestand nicht mehr aus dem Parlament als ganzem, sondern aus der parlamentarischen Minderheitspartei. Die Tätigkeit der parlamentarischen Untersuchungsausschüsse blieb von diesem Funktionswandel nicht unberührt. Schon die drei großen Mißstandsuntersuchungen des 18. Jahrhunderts[6] standen hinsichtlich ihrer Durchführung sowie ihrer Feststellungen unter dem Vorbehalt der „Parteilichkeit".[7] Diese Kritik nahm mit der Festigung des parlamentarischen Parteienwesens zu.[8] Während die Arbeit der Select Committees zur Vorbereitung der großen sozialen Reformwerke des 19. Jahrhunderts innerhalb und außerhalb des Parlaments große Anerkennung fand[9], wurde die Ergiebigkeit einer politischen Untersuchung der Regierungsarbeit zunehmend in Frage gestellt. So führte *Disraeli* in einer Debatte über die Rolle der Untersuchungsausschüsse im House of Commons aus: „Als ein Mittel, Auskunft und Aufklärung zu verschaffen, sind sie von höchstem Werte; greifen sie dagegen in das Gebiet der Exekutive über, so gehen sie meist irre, und man kann sich auch nicht auf ihre richterliche Unparteilichkeit verlassen".[10]

Die öffentliche Kritik des klassischen Untersuchungsverfahrens fand ihren Höhepunkt in der Behandlung des sog. Marconi-Skandals aus dem Jahre

[5] Die damalige, sog. republikanische Opposition behauptete, daß der Lord High Admiral, Duke of York, öffentliche Gelder verschwendet hätte. Diese Vorwürfe wurden — wie heute feststeht — mit dem Ziel erhoben, den Herzog von der Thronfolge auszuschließen. Tatsächlich ging der Herzog aufgrund dieser Kritik ins Exil. Statt seiner mußte Samuel Pepys, der zuständige Minister für die Marine, die volle Last der öffentlichen Angriffe tragen. Es wurde ein parlamentarischer Untersuchungsausschuß eingesetzt. Der einzige, angebliche Beweis bestand in der Aussage eines professionellen Informanten. Pepys wurde nicht erlaubt, diesen Informanten selbst ins Kreuzverhör zu nehmen. Die Untersuchung wurde allein aus parteipolitischen Gründen geführt. Vgl. hierzu: Royal Commission on Tribunals of Inquiry (1966), Cmnd. 3121, Rdnr. 6f.

[6] Die drei Mißstandsenquêten sind mit dem Namen Robert Walpole verbunden, dem faktisch ersten Premierminister (1721-42). 1717 war Walpole selbst Vorsitzender eines Select Committee zur Aufklärung der Umstände, die zur Unterzeichnung des Friedensvertrages von Utrecht (1715) führten. Vgl. hierzu ausführliche Darstellung bei: G. W. Keeton, Trial by Tribunal, London 1960, S. 21-52.

[7] "The Committees had no claim to impartiality. They were actuated solely by party political motives". Royal Commission on Tribunal of Inquiry (1966), Cmnd. 3121, Rdnr. 7.

[8] Zur Entstehung und Entwicklung der politischen Parteien und zu ihrer Festigung in der ersten Hälfte des 19. Jahrhunderts.: I. Fetscher, Großbritannien, S. 193ff.

[9] D. Englefield, Commons Select Committees, London 1984, S. 2; Zu den großen sogenannten Fact-Finding Enquiries vgl. auch: J. Redlich, Recht und Technik des englischen Parlamentarismus, S. 472ff.

[10] Zitiert bei: A. Todd, Über die Parlamentarische Regierung in England, Berlin 1869, S. 233.

1912.[11] Der damalige Postmaster-General der liberalen Regierung akzeptierte ein Angebot der englischen Marconi Company über die Errichtung einer Kette staatseigener Telegraphenstationen durch das ganze Empire. Öffentlich wurde der Vorwurf erhoben, die Regierung hätte die Marconi Company irregulär begünstigt und namhafte Mitglieder der Regierung hätten von dieser Transaktion profitiert. Die Mitglieder des daraufhin ad hoc eingesetzten parlamentarischen Untersuchungsausschusses teilten sich bei ihren Feststellungen hinsichtlich der erhobenen Vorwürfe entsprechend der Parteizugehörigkeit. Der Mehrheitsbericht der liberalen Mitglieder entlastete die Regierung in allen erhobenen Vorwürfen. Ganz im Gegensatz dazu stand der Minoritätsbericht der konservativen Mitglieder. Er befand, daß die Regierung der groben Korruption überführt worden sei. Als sich das House of Commons bei der öffentlichen Debatte der Berichte auch entsprechend der Parteizugehörigkeit teilte und folglich die Regierung von allen Anschuldigungen entlastete, entzündete sich eine heftige Kritik in der außerparlamentarischen Öffentlichkeit über die Untersuchung derartiger politischer Skandale. Die Gestaltung des parlamentarischen Untersuchungsverfahrens wurde dadurch selbst als skandalös bezeichnet.

Die klassische Methode der Regierungskontrolle durch parlamentarische Untersuchungsausschüsse auf ad hoc-Basis fand ihr Ende. Seit jener Zeit wurden kaum noch Select Committees zur nachträglichen Regierungskontrolle ad hoc eingesetzt.[12] Die Reformdiskussion über die parlamentarische Untersuchung im 20. Jahrhundert hatte die Garantie größtmöglicher Unparteilichkeit und Effektivität der Kontrollorgane zum Hauptgegenstand.[13] Die erste Phase dieser Diskussion fand ihren vorläufigen Abschluß mit der Errichtung der sog. Tribunals of Inquiry (Untersuchungstribunale) aufgrund des Tribunals of Inquiry Act aus dem Jahre 1921. Mit der Etablierung der sog. Departmental Select Committees des House of Commons im Jahre 1979 wurde die zweite Phase dieser Reformdiskussion beendet.[14]

§ 9 Das Tribunals of Inquiry (Evidence) Act von 1921

Das Reformgesetz[15] von 1921 schloß eine über 30jährige Experimentierphase bezüglich des parlamentarischen Untersuchungswesens ab. Für den zeitgenössischen Betrachter stellte es insofern keine revolutionäre Neuerung dar, als in ihm die Erfahrungen früherer Einzelfallversuche verarbeitet wurden. Schon im Jahre

[11] Darstellung in: Royal Commission on Tribunals of Inquiry (1966), Rdnr. 11ff.

[12] Vgl. hierzu: S. I. Aschauer, S. 148f.; C. J. Friedrich, Der Verfassungsstaat der Neuzeit, Berlin 1953, S. 385: „Die Ausschüsse des englischen Parlaments sind .... verkümmert".

[13] C. Salmon, Tribunals of Inquiry, London 1967, S. 9.

[14] Vgl. G. Drewry, The New Select Committees, Oxford 1985, S. 14ff.

[15] 11 Geo. 5, c. 7.

1888 erprobte das Parlament den neuen Typus einer Untersuchungskommission, der zum Leitbild der Reform von 1921 werden sollte.[16] Als der führende Parlamentarier der irischen Nationalisten, Charles Steward *Parnell*, in einen öffentlichen Skandal verwickelt wurde, entschloß sich das Parlament, diese Angelegenheit statt einem herkömmlichen parlamentarischen Untersuchungsausschuß einer speziellen Kommission zu übertragen.[17] Mit dem Special Commissions Act aus dem Jahre 1888 setzte das Parlament für diesen einmaligen Fall drei außerparlamentarische Untersuchungsrichter ein und stattete sie mit den gerichtlichen Beweiserhebungsrechten aus.[18] Die im Gesetz namentlich genannten Kommissare besaßen eine hohe nationale Reputation, die ihrerseits ein hohes Maß an Unparteilichkeit garantierte. Trotz der explosiven „Irischen Frage"[19], die die Kommission im Verlaufe ihrer Untersuchung berührte, verlief das Untersuchungsverfahren zur vollen Zufriedenheit der Öffentlichkeit. Der Untersuchungsbericht der drei renommierten Persönlichkeiten wühlte den Parnell-Skandal nicht nur nicht unnötig auf, sondern bildete die Grundlage, auf der das Vertrauen in die staatlichen Institutionen wieder aufgebaut werden konnte.[20] Das Experiment der Parnell Commission wurde während des 1. Weltkrieges mit der Einsetzung zweier weiterer Special Commissions wiederholt. Die öffentliche Kritik an der Kriegsführung auf den Dardanellen und in Mesopotamien mündete in der Einsetzung der Dardanelles und der Mesopotamia Commissions.[21] Beide Kommissionen wurden durch das Special Commissions (Dardanelles and Mesopotamia) Act[22] aus dem Jahre 1916 eingesetzt. Die Erfahrung aus diesen Untersuchungen war eher negativ. Denn im Gegensatz zur Besetzung der Parnell Commission verzichtete man fast gänzlich auf die Ernennung angesehener Richter. Statt dessen dominierten hochrangige Militärs, Regierungsvertreter sowie Mitglieder des Parlaments. Die festgestellten Untersuchungsergebnisse blieben in der öffentlichen Behandlung kontrovers. Sie waren Anlaß erbitterter parlamentarischer Debatten und trugen wenig zur Wiederherstellung des öffentlichen Vertrauens bei.[23]

Als im Jahre 1921 schwere Beschuldigungen gegen das Kriegsbeschaffungsministerium (Ministry of Munitions)[24] erhoben wurden und ihre Aufklärung

---

[16] Royal Commission on Tribunals of Inquiry (1966), Rdnr. 13.

[17] Zusammenfassende Darstellung in: G. W. Keeton, Parliamentary Tribunals of Inquiry, in: CLP, vol. 12 (1959) S. 16ff.

[18] 51 & 52 Vict., c. 35.

[19] Zu den Auswirkungen der „Irischen Frage" im Parlamentsrecht, insbesondere zu den verfahrensrechtlichen Reformen zur Verhinderung parlamentarischer Obstruktion durch eine Minderheit vgl.: K. Löwenstein, Staatsrecht und Staatspraxis in Großbritannien, Bd. 1, Berlin 1967, S. 30 ff., 307ff.

[20] C. Salmon, S. 1.

[21] Vgl.: G. W. Keeton, Parliamentary Tribunals of Inquiry, S. 20.

[22] 6 & 7 Geo. 5, c. 34.

[23] G. W. Keeton, Parliamentary Tribunals of Inquiry, S. 20.

[24] Cmd. 1340.

verlangt wurde, erinnerte man sich der schlechten Erfahrungen mit den parlamentarischen Select Committees und den Special Commissions in Gestalt der Dardanelles und Mesopotamia Commissions. Um die Untersuchung nicht nur der anstehenden Affäre, sondern auch zukünftiger politischer Skandale von parteipolitischen Einflüssen so gut wie möglich freizuhalten, initiierte die Regierung einen Gesetzentwurf, der dem Special Commission Act aus dem Jahre 1888 in weiten Teilen glich. Die Antragsbegründung durch den damaligen Attorney-General machte deutlich, daß zur Wiederherstellung des öffentlichen Vertrauens in die staatlichen Institutionen die unparteiische Untersuchung durch außerparlamentarische Gremien erforderlich sei.[25] Der Entwurf gestand der Regierung aus diesem Grunde sogar die Befugnis zu, eine Untersuchungskommission auch ohne parlamentarische Zustimmung einzusetzen. Diese Kompetenz ging beiden Häusern des Parlaments allerdings zu weit.[26] Im Ergebnis sicherten sie sich einen entscheidenden Anteil, insbesondere an der Einsetzung eines Tribunals.

§ 10 Die Einsetzung

Das Tribunals of Inquiry (Evidence) Act besteht nur aus drei Sektionen. Die Einsetzung ist in Sektion 1 geregelt. Danach ist zunächst ein Mehrheitsbeschluß (Resolution) beider Häuser des Parlaments erforderlich, der ausdrücklich feststellt, daß die Einsetzung eines Tribunal of Inquiry geboten (expedient) ist. Erst auf der Grundlage dieser Mehrheitsbeschlüsse steht im Ermessen der Regierung, ob sie auch tatsächlich ein Untersuchungstribunal einsetzt. Die parlamentarischen Mehrheitsbeschlüsse umschreiben darüber hinaus das Untersuchungsthema. Sie legen die „definite matter of urgent public importance" fest.[27] Auf die Wahl des Untersuchungsthemas hat die Regierung nur über die Mehrheit im Parlament einen indirekten Einfluß. Wie bei der Einsetzung deutscher parlamentarischer Untersuchungsausschüsse, so hat auch das englische Parlamentsplenum in allen Zweifelsfällen die Entscheidung darüber, ob die Voraussetzung des dringenden öffentlichen Interesses gegeben ist.[28] Eine präzise Begriffsdefinition enthält das Tribunals of Inquiry Act darüber hinaus nicht. In der Praxis variieren die Untersuchungen von der Aufklärung der Bestechungsvorwürfe gegen Minister und Beamte hinsichtlich der Vergabe von Lizenzen[29], der Veröffentlichung von Haushaltsgeheimnissen[30], der Beschwerde über die Polizei[31], der Spionage in der Admiralität[32] bis hin zu Unglücks- und Katastro-

[25] 139 HC Debs. 5, vol. 189.

[26] Vgl. hierzu G. W. Keeton, Parliamentary Tribunals, S. 14.

[27] Zu diesem Erfordernis vgl.: Royal Commission on Tribunals of Inquiry (1966), Rdnr. 71.

[28] Ebda.

[29] (1933), Cmd. 4361.

[30] Budget Leak-Tribunal (1436), Cmd. 5184.

[31] Lynskey-Tribunal (1948), Cmd. 7616.

phenfällen[33]. Es handelt sich also immer um Angelegenheiten vitaler Interessen des Landes.

Die vorherige Behandlung des Untersuchungsthemas in der parlamentarischen Debatte beider Häuser soll sicherstellen, daß nur die wirklich bedeutenden Fälle dieser besonderen Kontrollinstitution übertragen werden.[34] Insoweit ist auch ein Mehrheitsbeschluß des House of Lords Voraussetzung für die Einsetzung eines Untersuchungstribunals. Das Reformgesetz aus dem Jahre 1921 unterstreicht damit, daß das Oberhaus trotz des gehörigen Funktionsverlustes durch das Parliament Act[35] aus dem Jahre 1911 auch weiterhin einen bestimmenden Anteil an der parlamentarischen Kontrolle der Regierung behalten soll. Darüber hinaus wird durch diese gesteigerte Qualifikation auch das Einsetzungsermessen der Regierung erheblich eingeschränkt. Tatsächlich ist es bis heute nicht vorgekommen, daß eine Regierung den parlamentarischen Einsetzungsresolutionen nicht folgte.[36]

Die Untersuchungstribunale werden, vergleichbar den deutschen parlamentarischen Untersuchungsausschüssen, ad hoc eingesetzt. Wie ihr deutsches Gegenüber üben sie ausschließlich eine nachträgliche Kontrolle aus. Ihr Einsetzungsauftrag ist mit der Vorlage des Untersuchungsberichtes an das Parlament und die Regierung beendet. Mit der Vorlage der Berichte lösen sie sich automatisch auf.[37]

§ 11 Die Zusammensetzung

Das Tribunals of Inquiry Act enthält weder eine Bestimmung über die Anzahl der Mitglieder noch über deren Qualifikation. Die Tribunale setzen sich seit ihrer ersten Einsetzung regelmäßig aus drei Mitgliedern zusammen.[38] Richtunggebend war insoweit die Besetzung der Parnell Commission des Jahres 1888. Die Größe eines Tribunals unterscheidet sich erheblich von der eines parlamentarischen Untersuchungsausschusses (Select Committee), der in der Vergangenheit mit 15 bis 30 Mitgliedern besetzt war.[39] Durch die drastische personale Reduzierung sollten Sicherheitsrisiken minimiert werden, die bei den Untersuchungen hochpolitischer Angelegenheiten grundsätzlich immer bestehen.

Die Ernennung und Auswahl der Tribunals-Mitglieder obliegt ausschließlich der Regierung.[40] Hiermit soll verhindert werden, daß die Reputation der

---

[32] Vassall-Tribunal (1962), Cmnd. 2009.

[33] Aberfan-Tribunal (1972), HC. 133; Widgery-Tribunal (1972), HC. 220.

[34] C. Salmon, S. 12; G. W. Keeton, Trial by Tribunal, S. 8 u. S. 38.

[35] 1 & 2 Geo. 5, c. 13.

[36] Z. Segal, Tribunals of Inquiry, in: P. L. 1984, S. 210.

[37] Royal Commission on Tribunals of Inquiry (1966), Rdnr. 71.

[38] Ebda.; sowie Z. Segal, Tribunals of Inquiry, S. 209.

[39] T. E. May, Parliamentary Practice, 20. Aufl. London 1983, S. 644.

Tribunals-Richter bereits im Vorfeld ihrer Untersuchung durch öffentliche und parlamentarische Debatten Schaden nimmt. Dies dient der Autorität der Tribunalsmitglieder, nimmt aber auch gleichsam die Regierung in die Pflicht, die Eignung der in Betracht kommenden Personen sorgfältig zu prüfen. In Anlehnung an die guten Erfahrungen mit der Parnell Commission haben bisher alle Regierungen die Tribunals-Mitglieder den Reihen des hochangesehenen Juristenstandes, insbesondere der Richterschaft, entnommen. Im Gegensatz zu den Parlamentariern und Regierungsmitgliedern verfügen sie über die uneingeschränkte Reputation der Unparteilichkeit und haben darüber hinaus Erfahrung im Umgang mit der Führung von Beweisverfahren.[41] Gewöhnlich präsidiert ein Richter des High Court.[42] Ihm zur Seite stehen zwei weitere unabhängige Mitglieder, die i.d. R. der „Bar"[43] entnommen werden.

Die Tribunals-Mitglieder genießen absoluten Schutz. Keine ihrer Äußerungen im Verlauf der Untersuchungen, einschließlich des Untersuchungsberichts, untersteht einer gerichtlichen Kontrolle.[44] Sie stehen damit im Status eines englischen Richters, der ebenfalls persönlich keinem Risiko eines möglichen Rechtsstreites wegen seiner Äußerungen in einem laufenden gerichtlichen Verfahren ausgesetzt ist.

Zur effektiven Bewältigung der Untersuchungsaufgaben steht dem Tribunal ein Stab von Mitarbeitern zur Verfügung. Die „Counsels" werden durch den Treasury-Solicitor in ihre Arbeiten eingewiesen.[45] Die Qualifikation des Treasury-Solicitor ist wegen der Zugehörigkeit zur Regierung nicht völlig unbestritten. So prangerte die Royal Commission offen an, daß er mit den Mitgliedern der Regierung bei der Beweisaufnahme nicht hart genug umgehe.[46] Durch seinen engen Kontakt mit der jeweiligen Regierung besitzt der Treasury-Solicitor allerdings unschätzbare Kenntnisse von den Verwaltungsvorgängen und hat

---

[40] Royal Commission on Tribunals of Inquiry (1966), Rdnr. 74; vgl. hierzu auch: Government Views on the Recommendations of the Royal Commission on Tribunals of Inquiry (1973), Cmnd. 5313, Rdnr. 6-11.

[41] Royal Commission on Tribunals of Inquiry (1966), Rdnr. 72.

[42] Ebda.

[43] Zum Anwaltsstand in England vgl.: E. J. Cohn, Das Reich des Anwalts, Heidelberg 1949.

[44] Royal Commission on Tribunals of Inquiry (1966), Rdnr. 74.

[45] Der Treasury-Solicitor ist zugleich der Genalstaatsanwalt (Procurator-General) und steht an der Spitze des Departments of H. M. Procurator-General and Treasury-Solicitor. Die Aufgabe des Ressorts besteht darin, all den Ministerien rechtsberatend zur Seite zu stehen, die über keine eigenen Rechtsberater verfügen. Da das Aufgabengebiet des Treasury-Solicitor grundsätzlich juristischer, nicht aber politischer Natur ist, ist er kein Minister, sondern vielmehr permanenter Beamter der Krone. Er ist dementsprechend dem Parlament gegenüber nicht verantwortlich. Politische Verantwortung übernimmt für ihn ein Minister des Treasury-Ministeriums. Vgl. zum Ganzen: C. F. Padfield u. A. Byrne, British Constitution, 7. Aufl. London 1988, S. 146.

[46] Royal Commission on Tribunals of Inquiry (1966), Rdnr. 87.

jederzeit Zugang zu den einzelnen Ministerien. Die Beiordnung des Treasury-Solicitor und seiner Bediensteten hat damit in der Praxis Vorteile, die auch von der Royal Commission nicht abgestritten wurden: „It is in our view essential that the practice should continue of the Treasury-Solicitor, and indeed the counsel he instructs, being in constant consultation with the Tribunal“.[47]

§ 12 Die Befugnisse

Entsprechend dem Einsetzungszweck ist das Tribunal mit umfangreichen Beweiserhebungsrechten ausgestattet. Nach Sektion 1 des Gesetzes von 1921 hat es dieselben Befugnisse wie das High Court oder — im Falle schottischer Angelegenheiten — das Court of Session. Die obergerichtlichen Regeln des Zeugen-, Urkunden- und Augenscheinbeweises sind im Untersuchungsverfahren des Tribunals entsprechend anzuwenden:

„The Tribunal shall have all such powers, rights, and privileges as are vested in the High Court, or in Scotland the Court of Session ... in respect of the following matters:

a) The enforcing the attendance of witnesses and examining them on oath, affirmation, or otherwise;
b) The compelling the production of documents;
c) Subject to rules of Court, the issuing of a commission or request to examine witnesses abroad.“

Die Beweiserhebungsrechte beziehen sich auf Private wie auf Angehörige des öffentlichen Dienstes, einschließlich der Minister, gleichermaßen.[48]

Eine gesetzliche Gleichstellung mit den Obergerichten ist aber nicht vollständig vollzogen. Zwar ist, wie im gerichtlichen Verfahren, jede Informationsverweigerung als Behinderung des Untersuchungsverfahrens unter Strafe gestellt. Nach dem Gesetz von 1921 ist sie als „Contempt of Court“ zu ahnden.[49] Allerdings hat, im Unterschied zu den Gerichtsverfahren, nicht das Tribunal selbst eine derartige Strafbefugnis. Es kann die Verweigerung von Zeugenaussagen oder Herausgabe von Dokumenten wie jede andere Art der Behinderung des Untersuchungsverfahrens dem High Court bzw. Court of Session zur weiteren Behandlung übertragen. Nur die Obergerichte selbst sind befugt, in einem gesonderten Strafverfahren über den Schuldspruch und das Strafmaß nach eigenem Ermessen zu entscheiden.[50] Der Gesetzgeber führte diese Abweichung vom gerichtlichen Verfahren bewußt ein.[51] Hätte er die Tribunale mit Erzwingungsbefugnissen ausgestattet, hätte er sie damit in den gleichen Status wie die

[47] Royal Commission on Tribunals of Inquiry (1966), Rdnr. 87.

[48] Ebda, Rdnr. 80.

[49] 11 Geo.5, c.7, Section 1 (2c).

[50] Royal Commission on Tribunals of Inquiry (1966), Rdnr. 123.

[51] Ebda., Rdnr. 28ff. sowie 124.

ordentlichen Gerichte erhoben. Während nun aber die Gerichte in jahrhundertelanger Übung die ihnen anvertraute Macht durch die Entwicklung spezifischer Verfahren gemäßigt ausgeübt hatten und ihre Machtfülle geradezu den Garanten der Rechtsstaatlichkeit des Landes darstellt, war man sich bei den Gesetzesberatungen in der Beurteilung der Tribunale keineswegs sicher. Dazu enthielt die Reform von 1921 zu viele Neuerungen, die schwerlich mit den hergebrachten Traditionen des englischen Gerichtsverfahrens in Einklang standen. Gegner der Reform sahen in den Neuerungen sogar derartige Brüche mit der Tradition, daß sie die Einführung der Tribunale gänzlich ablehnten.[52]

Neu war zum einen, daß das Gesetz die Untersuchung in Angelegenheiten der „urgent public importance" generell und nicht nur für den Einzelfall einem außerparlamentarischen Gremium übertrug. Mit den Tribunalen war eine neue Institution errichtet, die mit politischen Angelegenheiten betraut wurde. Damit erhielten die Tribunale im Ergebnis eine Untersuchungskompetenz, die nach englischer Tradition nicht einmal den erprobten ordentlichen Gerichten zustand. Bis heute sind die englischen Gerichte ausschließlich mit Rechtsfragen befaßt und haben keinerlei Kompetenz im Rahmen von Organstreitigkeiten. Insbesondere in allen parlamentarischen Angelegenheiten einschließlich des Gesetzgebungsverfahrens steht es ihnen nicht an, gerichtliche Kontrolle auszuüben.[53] Die politischen Institutionen tragen ihre Kompetenzstreitigkeiten selbständig aus und behandeln ihre Angelegenheiten eigenverantwortlich. Die Errichtung der Tribunale dagegen stellt eine Ausnahme zu diesem Grundsatz dar. Mit dem Gesetz von 1921 war die Möglichkeit geschaffen, eine Aufgabe des Parlaments, nämlich die parlamentarische Kontrolle, auf ein außerparlamentarisches Gremium zu übertragen.

Eine zweite Neuerung betraf das Untersuchungsverfahren. Gesetzlich angelegt war das Tribunal als eine Inquisitionsinstitution. „Normally persons cannot be brought before a tribunal and questioned save in civil or criminal proceedings. Such proceedings are hedged around by long standing and effective safe guards to protect the individual. The inquisitorial procedure is alien to the concept of justice, generally accepted in the United Kingdom."[54] Es waren keine Parteien vorgesehen, die eine Streitigkeit vor einem unabhängigen Richtergremium auszuführen hatten. Es gab keinen Kläger und Beklagten, auch keinen Ankläger und keinen Angeklagten. Es war gesetzlich nicht einmal eine

---

[52] Ebda., Rdnr. 27.

[53] Eine Ausnahme bestand für Nordirland. Zur Zeit des „Stormont-Systems" (1920-72) war das House of Lords befugt, im Wege der Normenkontrolle die nordirischen Statuten nach Maßgabe des Government of Ireland Act aus dem Jahre 1920 auf ihre Gültigkeit zu überprüfen. Seit 1973 steht Nordirland wieder vollständig unter der direkten Herrschaft (direct rule) des Londoner Central Government. Alle zuvor übertragenen legislativen Funktionen wurden dem Stormont-Parlament entzogen und werden fortan durch „Means of Orders in Counsil" geregelt. Vgl. hierzu: C. R. Munro, Studies in Constitutional Law, London 1987, S. 22ff.

[54] Royal Commission on Tribunals of Inquiry (1966), Rdnr. 28.

Streiteröffnungsschrift entsprechend der Anklage- oder Klageschrift vorgesehen. Statt dessen war lediglich die Existenz von Tribunals-Mitgliedern vorausgesetzt. Ihnen oblag nach der gesetzlichen Konstruktion die vollständige Führung der Untersuchung. Das bedeutete notwendigerweise auch, daß die Zeugen von ihnen vernommen werden mußten, sowie daß jede andere Verfahrenshandlung ausschließlich von den Tribunals-Mitgliedern vorgenommen werden mußte. Denn Parteien, wie in jedem ordentlichen Gerichtsverfahren, gab es nach dem Gesetz nicht. Dies stand im Gegensatz zu dem altbewährten „adversary system" (Parteienstreitverfahren), das eine so ruhmvolle und entscheidende Rolle gespielt hatte und in England dazu beitrug, daß die Inquisitionsform zu keiner Zeit eine beherrschende Bedeutung erlangte. Gerade der englische Parteienprozeß diente der Welt zum Vorbild, als seit der Aufklärung die Gefährlichkeit der Inquisition mehr und mehr erkannt wurde.[55] Sollte das Gesetz von 1921 eine so einschneidende Rückentwicklung einleiten?

Die Befürchtung bestand, und sie hätte nun ihrerseits leicht durch die Einführung ergänzender Verfahrensregeln ausgeräumt werden können. Das nun aber verbot der englische Grundsatz, daß jede Institution die Autonomie besitzen soll, ihr Verfahren eigenständig nach den Erfordernissen des Einzelfalles schrittweise selbst zu entwickeln.[56] Um die erprobten Vorzüge der Flexibilität nicht zu gefährden, entschloß sich der Gesetzgeber, seinen Befürchtungen in einer anderen Form Rechnung zu tragen und die Gefahr zu minimieren: Das Fehlen jeglicher Erzwingungsbefugnisse sollte einer möglichen Entartung vorbeugen und damit einen Beitrag zum Individualrechtsschutz leisten.

Die Übertragung der Erzwingungsbefugnisse auf die Obergerichte hatte darüber hinaus auch den Vorteil, daß der Konflikt zwischen dem fordernden Tribunal und dem verweigernden Individuum unbelastet vor einem neutralen Gremium ausgetragen werden konnte. Falls das Tribunal selbst die Erzwingungsbefugnis hätte, so stünde die betroffene Einzelperson von vornherein mit nur geringer Aussicht auf Erfolg da. Das Gebot der Fairneß gebietet aber, daß Streitigkeiten auf gleichberechtigter Position ausgetragen werden. Diesem Zwecke kann nur ein Gerichtsverfahren dienlich sein.[57]

Die Befürchtung, das Fehlen jeglicher Erzwingungsbefugnisse führe zu einem unerträglichen Autoritätsverlust, dem unweigerlich jegliche Informationsverweigerung folge, hat sich nicht bewahrheitet. Die vor das Tribunal geladenen Personen haben sich bisher nur in ganz wenigen Fällen geweigert, ihre Informationen dem Tribunal zur Verfügung zu stellen.[58] Nur in zwei Fällen anläßlich des Vassall-Tribunals[59] kam es überhaupt zu einer Übertragung der

[55] G. Radbruch, Der Geist des englischen Rechts, Göttingen 1956, S. 17.

[56] Vgl. hierzu: Royal Commission on Tribunals of Inquiry (1966), Rdnr. 68 - 70.

[57] Royal Commission on Tribunals of Inquiry (1966), Rdnr. 128.

[58] O. H. Phillips u. P. Jackson, S. 134.

[59] Cmnd. 2009.

Angelegenheit an das High Court. Beide Zeugen waren Journalisten und weigerten sich, ihren Informanten öffentlich preiszugeben. Sie beriefen sich dem Tribunal wie auch dem High Court gegenüber auf ihr Pressegeheimnis. Der Journalist ist schon nach den gerichtlichen Beweisregeln kein anerkannter Berufsgeheimnisträger.[60] Auch seine Zusage der vertraulichen Behandlung einer Angelegenheit stellt vor den englischen Gerichten kein Verweigerungsrecht dar. Das betraute High Court befand nun in dieser Sache, daß die beiden angeklagten Journalisten sich wegen des überwiegenden öffentlichen Interesses auch vor dem Tribunal nicht auf die Gesichtspunkte der Vertraulichkeit berufen könnten.[61] Als die beiden Journalisten sich dennoch beharrlich weigerten, die Quelle ihrer Information preiszugeben, wurden sie vom High Court zu einer Freiheitsstrafe von sechs bzw. drei Monaten verurteilt.[62]

Die Informationsverweigerungsrechte der Zeugen und Betroffenen vor dem Tribunal sind im einzelnen nicht katalogisiert. Das Gesetz von 1921 enthält diesbezüglich nur einen allgemeinen Verweis auf die „powers, rights, and privileges as are vested in the High Court, or in Scotland the Court of Session". Der Verweis auf die entsprechenden Befugnisse der Obergerichte bedeutet eine grundsätzliche Anerkennung der gerichtlichen Verweigerungsrechte. Beweis muß daher nicht erbracht werden, soweit er inkriminierend ist, soweit er Ehegatten und nahe Verwandte betrifft und soweit das berufsgebundene Verweigerungsrecht wegen der besonderen Vertrauensposition, wie der des Anwaltes oder des Arztes, reicht.[63]

Über den generellen Verweis auf die „powers, rights and privileges" der Obergerichte wird auch das Verhältnis der Tribunale zur Exekutive formell bestimmt. Nach den Prozeßregeln kann sich die englische Regierung bei der Informationsverweigerung auf ihr Dienstgeheimnis stützen. Die Herausgabe von Dokumenten sowie die Aussage können verweigert werden, soweit das öffentliche Interesse dies gebietet. Prozeßrechtlich wird dieser Verweigerungsgrund seit alters her als „Crown Privilege"[64] bezeichnet.

Umstritten war in England wie in der Bundesrepublik Deutschland, ob die Regierung diesen Geheimhaltungsbereich selbst abschließend festlegen kann.

---

[60] Halsbury's Statutes of England and Wales, 4. Aufl. London 1985, Bd. 13, S. 571.

[61] Attorney-General v. Clough [1963] 1 Q. B. 773; Attorney-General v. Foster [1963] 2 Q. B. 477.

[62] Tatsächlich verbüßte nur Foster seine 3-monatige Gefängnisstrafe. Die von Clough geforderten Informationen erhielt das Tribunal durch die freiwillige Selbstoffenbarung der von ihm geschützten Quelle. Clough bestätigte die Richtigkeit, und die Verhängung seiner Strafe wurde ausgesetzt.

[63] Halsbury's Statutes of England and Wales, Bd. 13, S. 572 ff.

[64] Ohne inhaltliche Abweichung findet man in neueren Erscheinungen auch die Bezeichnung „Public Immunity Interest". Vgl. hierzu mit ausführlicher Zusammenfassung der wichtigsten Entscheidungen J. Bell: Policy Arguments in Judicial Decisions", Oxford 1985, S. 94-131.

Bis Ende der 60er Jahre hatten die Gerichte in Bindung an die Duncan v. Cammell Laird Ltd. Entscheidung die Festlegung eines Crown Privileges durch die Exekutive einfach akzeptiert.[65] Die Prüfung der Gerichte beschränkte sich auf die Glaubhaftmachung des Vorliegens eines schutzwerten öffentlichen Interesses. Ob die entsprechenden Dokumente oder Inhalte der Aussage tatsächlich ein Crown Privilege rechtfertigten, überprüften die Gerichte nicht. Sie verwiesen auf die politische Natur der Bestimmung eines Crown Privileges und insoweit auf das Parlament, dessen Aufgabe es sei, das Crown Privilege festzulegen. Solange aber das Parlament dieser Aufgabe nicht nachkomme, sollte die Exekutive das Recht behalten, das Crown Privilege abschließend zu bestimmen, denn sie sei für die Aufgabenerfüllung verantwortlich.

Von grundlegender Änderung war die Conway v. Rimmer-Entscheidung des House of Lords aus dem Jahre 1968.[66] Danach haben die Gerichte in jedem Fall das Recht und die Pflicht, das öffentliche Interesse an der Rechtsfindung mit den Geheimhaltungsinteressen der Exekutive abzuwägen. Zu diesem Zwecke sei es erforderlich, das von der Exekutive beanspruchte Crown Privilege ohne die Parteien und unter Ausschluß der Öffentlichkeit durch Erbringung der erforderlichen Akten und Aussagen vor den Richtern zu überprüfen. Zur Begründung dieses overrulings führte das Gericht die schweren Nachteile an, die ansonsten durch die inadäquaten Beweiserbringungsmöglichkeiten entstünden.

In welchem Umfang dieser Wandel der Rechtsprechung auch in das Tribunalsverfahren Eingang findet, kann mangels Tribunalspraxis nicht beantwortet werden. Seit 1968 wurden nur noch vier Tribunale eingesetzt, aus denen keine Präzedenzfälle vorliegen.[67]

[65] [1942]AC 641-2; 1939 sank das U-Boot „Thetis" während seiner Erprobungsfahrt. Die Angehörigen der verstorbenen Seeleute verklagten daraufhin die Herstellerfirma auf Schadensersatz. Die Kläger riefen den Hersteller auf, gewisse Unterlagen, einschl. des Kontrakts mit der Admiralität sowie den Bergungsbericht zur geeigneten Prozeßführung vorzulegen. Doch der Lord der Admiralität gab eine eidesstattliche Versicherung ab, wonach die Herausgabe der Dokumente gegen das öffentliche Interesse verstoße. Das House of Lords entschied, daß die eidesstattliche Versicherung nicht bezweifelt werden könnte. Die Unterlagen mußten dementsprechend nicht vorgelegt werden, da das Crown Privilege vom Gericht akzeptiert wurde. Die Kläger verloren die Streitigkeit mangels Beweises. Nach dem Krieg wurde preisgegeben, daß die „Thetis" mit einem neuen Typ von Torpedorohren ausgerüstet war, was 1942 noch als geheim galt. Das House of Lords berief sich bei seiner Entscheidung aber nicht konkret auf die Kriegssituation, sondern stellte einstimmig als ratio decidendi darauf ab, daß das Gericht nicht befugt sei, das Crown Privilege zu bezweifeln, wenn es in ordnungsgemäßer Form vorgetragen ist. Auf die Art der zurückgehaltenen Dokumente komme es nicht an.

[66] [1968] AC. 910; dazu D. H. Clark, „The Last Word on the Last Word" (1969), vol. 32 MLR, S. 142. Der ehemalige Polizeibeamte Conway erhob gegen seinen Superintendant dringliche Behauptungen, dieser habe über ihn falsche Berichte angefertigt und sie dem Chief Constable vorgelegt. Das hätte zu der ungerechtfertigten Anklage wegen Diebstahls geführt, von der er schließlich freigesprochen wurde. Zur Unterstützung seiner Schadensersatzklage gegen den Superintendant Rimmer bemühte sich Conway, die angefertigten Berichte zu erhalten. Doch das Innenministerium verweigerte dies unter Berufung auf das Crown Privilege.

§ 13 Das Verfahren

Verfahrensregeln sind im Gesetz von 1921 nur sporadisch enthalten. Nach Sektion 2 ist die Untersuchung grundsätzlich öffentlich zu führen. Der Ausschluß der Öffentlichkeit ist allerdings in das Ermessen des Tribunals gestellt. In der Praxis wurde davon sehr zurückhaltend Gebrauch gemacht. Der Ausschluß der Öffentlichkeit blieb auf Fälle der Gefährdung von Staatsgeheimnissen beschränkt.[68]

Nach Sektion 1 (3) genießt jeder Zeuge die Privilegien, die ihm als Zeuge vor einem Obergericht zustünden. Damit wird ausgeschlossen, daß der Zeuge wegen seines Beweises gerichtlich belangt werden kann. Uneidliche oder eidliche Falschaussagen bleiben natürlich auch weiterhin strafbar. Auch bedeutet dieses Zeugenprivileg nicht, daß der von dem Zeugen erbrachte Beweis in einem bereits anhängigen oder folgenden gerichtlichen Verfahren nicht verwendet werden darf. Das Privileg schützt lediglich vor einem zivilrechtlichen oder strafrechtlichen Gerichtsverfahren anläßlich des erbrachten Beweises.[69]

Eine letzte Verfahrensvorschrift ist in Sektion 2 (b) enthalten. Sie betrifft die Vertretung der geladenen Personen durch Rechtsbeistände. Das Tribunal hat freies Ermessen, eine solche Vertretung zuzulassen.

Weitere verfahrensrechtliche Bestimmungen, insbesondere hinsichtlich der Beweiserhebung, enthält das Gesetz nicht. Die Vorzüge des englischen Parteienprozesses vor dem unparteiischen Gericht gingen erstmals 1948 anläßlich des Lynskey-Tribunals[70] in das Verfahren ein. Vorherige Tribunale machten die Erfahrung, daß die inquisitorische Vernehmung durch die Tribunals-Mitglieder die Zeugen verängstigte, sie einschüchterte und im Ergebnis zu Gegnern des Tribunals werden ließ. Entsprechend präsidierten in künftigen Untersuchungen die Tribunals-Mitglieder nur noch und führten selbst keine Zeugenvernehmungen mehr durch. Die Zeugenvernehmung wurde in die Hände des Treasury Solicitor und seiner Counsel gelegt. Damit waren aber nun keineswegs die Probleme in der Beweiserhebung vollständig ausgeräumt, denn es stellte sich jetzt die Praxis ein, daß die vernehmenden Counsel nicht, wie vor Gericht üblich, zwischen dem „examination-in-chief",[71] „cross-examination"[72] und „re-examination"[73] differenzierten. Der Vernehmende war noch keiner Partei eindeutig zugeordnet, so daß er in seiner Person bezweckte, sowohl die Beweise des Zeugen darzubieten als sie zugleich durch das „cross-examination" wieder zu

---

67 O. H. Phillips u. P. Jackson, S. 134.

68 Royal Commission on Tribunals of Inquiry (1966), Rdnr. 118.

69 C. Salmon, S. 13.

70 Cmd. 7616.

71 Vernehmung durch die Partei.

72 Vernehmung durch die Gegenpartei.

73 Vernehmung wieder durch die erste Partei.

zerstören. Das führte im Lynskey-Tribunal aus dem Jahre 1948 wie aber auch im Bank Rate-Tribunal[74] aus dem Jahre 1957 zu einer erheblichen Verunsicherung der Zeugen. Es stellte sich heraus, daß die Funktion des „examination-in-chief" wie des „cross-examination" nicht in die Hände ein- und desselben Counsel gelegt werden konnte. Ein solcher Counsel — so brillant er auch immer gewesen sein mag — war mit dieser Aufgabenfusion überfordert. Die Zeugen konnten die Beweiserhebung nur noch als eine Scharade auffassen, die mit einer ernsthaften öffentlichen Untersuchung nichts mehr gemein hatte.[75] Dies löste heftige öffentliche Kritik aus, die bei der folgenden Vassall-Inquiry[76] von 1962 nun endgültig dazu führte, daß das gerichtliche Beweiserhebungsverfahren nahezu vollständig in das Tribunal-Verfahren Eingang gefunden hat.

Die von Lord *Radcliffe* präsidierte Untersuchung führte eine weitere Verfahrenserneuerung ein. Einigen Zeugen wurde erlaubt, durch ihre eigenen Rechtsbeistände vernommen zu werden. Andere Zeugen, die davon keinen Gebrauch machten, wurden nun weiterhin durch einen Counsel aus dem Team des Treasury Solicitor vernommen. Es wurde aber nicht mehr zugelassen, daß derselbe Counsel auch das „cross-examination" durchführte.

Trotz der aufgetretenen Mängel empfahl die 1966 eingesetzte Expertenkommission, das Tribunal-Verfahren auch weiterhin nicht gesetzlich zu fixieren. Statt dessen stellte sie sog. sechs Kardinalprinzipien auf, deren Beachtung sie allerdings dringlich empfahl:[77]

1. Bevor eine Person in eine Untersuchung involviert wird, muß das Tribunal die belastenden Umstände klar herausgearbeitet haben.
2. Der Betroffene muß vor der Untersuchung über die Behauptung, die gegen ihn erhoben wird, informiert werden. Auch die Zeugen sind über den Gegenstand der Vernehmung vorher zu unterrichten.
3. a) Der Betroffene sollte ausreichende Möglichkeit haben, sich auf die Untersuchung auch mittels eines Rechtsbeistandes vorzubereiten.
   b) Die Ausgaben hierfür sollten im Normalfall von der Staatskasse getragen werden.
4. Der Betroffene sollte die Möglichkeit haben, durch seinen eigenen Rechtsbeistand verhört zu werden und seine Ansicht öffentlich bekanntzumachen.
5. Die Wünsche des Betroffenen zur Vernehmung der von ihm benannten Zeugen sollten weitestgehend berücksichtigt werden.
6. Jeder Betroffene sollte die Möglichkeit zum Kreuzverhör haben, das durch seinen persönlichen Rechtsbeistand oder einen Counsel geführt wird.

---

[74] Cmnd. 350.

[75] C. Salmon, S. 15.

[76] Cmnd. 2009.

[77] Royal Commission on Tribunals of Inquiry (1966), Rdnr. 32.

Die Empfehlungen wurden von der Regierung akzeptiert[78] und den folgenden Tribunals-Verfahren zugrundegelegt. Anlaß zu öffentlichem Unmut bestand seitdem nicht mehr.

§ 14 Über die Effektivität der Untersuchungstribunale und den Verzicht ihrer Einsetzung

Seit 1921 fanden insgesamt 19 Untersuchungen durch die Tribunals of Inquiry statt. Sie wurden zur Tatsachenfeststellung in Katastrophenfällen und Regierungsskandalen eingesetzt.[79] Die Untersuchungsberichte haben ein hohes Ansehen.[80] Sie gelten als gut recherchiert und unparteiisch. Die Glaubhaftigkeit der Berichte wird weder in der Öffentlichkeit noch im Parlament in Frage gestellt. Wo ein Bericht die öffentlich erhobenen Vorwürfe gegen die Regierung als grundlos herausstellte (wie 1921 und 1957)[81], endete die öffentliche Debatte in dieser Angelegenheit sofort. Stellte dagegen der Bericht die Begründetheit der öffentlich erhobenen Vorwürfe gegen die Regierung fest (wie 1936 und 1948)[82], so traten die Minister sofort zurück und gaben vor dem House of Commons eine Entschuldigung ab. Auch in einem solchen Falle fand die Angelegenheit sofort ihr Ende.

Die Tribunale haben in allen Fällen ihren eigentlichen Zweck, nämlich die Wiederherstellung des verlorengegangenen öffentlichen Vertrauens in die Integrität der staatlichen Institutionen, zur vollsten Zufriedenheit erfüllt. Dennoch: 1978 erfolgte die bislang letzte Einsetzung eines Tribunal of Inquiry.[83] Ist England seitdem das glückliche Land der Welt, in dem öffentliche Skandale in der Regierung und katastrophale Unglücksfälle im Lande nicht mehr stattfinden, so daß eine Einsetzung eines Untersuchungsgerichtes obsolet wurde? Dagegen sprechen jedoch die jüngst eingetretenen Katastrophen wie auch die politischen Regierungsskandale anläßlich des Falkland-Krieges oder der Westland-Affäre. Doch in keinem dieser Fälle wurde auf das bewährte Mittel der Tribunals of Inquiry zurückgegriffen. Die Gründe dieses erstaunlichen Phänomens sind komplex.

Zum einen haftet den Tribunalen die Erinnerung an ihre ursprünglich so inquisitorischen Untersuchungsmethoden an. Durch die praktisch vollzogene Übernahme der Regeln des Parteienprozesses ist dieses Odium jedoch zum

---

[78] Government Views on the Recommendation of the Royal Commission on Tribunals of Inquiry (1973), Cmnd. 5313, Rdnr. 17.

[79] Z. Segal, Tribunals of Inquiry, S. 206.

[80] Ebda., S. 210.

[81] Destruction of Documents by Minister of Munitions (1921), Cmd. 1340; Bank Rate-Tribunal (1957), Cmnd. 350.

[82] Budget Leak-Tribunal (1936) Cmd. 5184; Lynskey-Tribunal (1948) Cmd. 7616.

[83] Crown Agents-Tribunal (1982); vgl. hierzu: O. H. Phillips u. P. Jackson, S. 134.

größten Teil ausgeräumt, so daß allein aus diesem Grunde der Nichtgebrauch dieser Kontrollinstitution nicht verständlich wird.

Eine zusätzliche Erklärung könnte in der Tatsache liegen, daß die Einsetzung eines Tribunals einen breiten Konsens zwischen Parlament und Regierung voraussetzt. Ein solcher Konsens ist — wie der Profumo-Fall[84] aus dem Jahre 1963 lehrt — nicht immer zu erzielen.[85]

Doch die Behandlung des Profumo-Skandals blieb ein Ausnahmefall. Vergleichbare Verfahren haben sich in der Folgezeit nicht wieder eingestellt. Die nachfolgenden Regierungen haben den Anwendungsbereich des Tribunals of Inquiry Act durch die Einsetzung sog. internal commissions nicht weiter eingeschränkt.[86]

Ein bedeutender Grund für den zunehmenden Verzicht auf die Tribunale besteht in der Tatsache, daß in einigen Gesetzen die Untersuchung von Unglücken und Katastrophen ausdrücklich sog. „Courts of Inquiry" übertragen wird. Das gilt insbesondere für Schiffs-,[87] Flugzeug-[88] und Eisenbahnunglücke[89]. Die Einführung dieser Courts of Inquiry war keine Reaktion gegen das Tribunals-Verfahren. Wegen der grundsätzlich unpolitischen Natur einer sol-

---

[84] Cmnd. 2152.

[85] Anfang der 60er Jahre verwickelte der damalige Verteidigungsminister Profumo sich selbst sowie einige seiner Ministerkollegen durch eine Affäre mit einem Call-girl, das zugleich eine Liaison mit einem russischen Marineattachée hatte, in einen Skandal großen Ausmaßes. Der Skandal spitzte sich zu insgesamt vier schwerwiegenden Vorwürfen zu:
1. Profumo hatte als Minister der Krone in einem persönlichen statement dem House of Commons gegenüber und damit der Nation die Unwahrheit gesagt.
2. Das statement wurde von seinen Regierungskollegen für glaubhaft befunden, obwohl Anhaltspunkte dafür bestanden, daß sie wußten, daß Profumo die Unwahrheit äußerte.
3. Wegen der Beteiligung des russischen Marineattachées bestand ein natürliches Sicherheitsrisiko.
4. Es breitete sich die Vorstellung aus, daß Profumo seine amtliche Position zu persönlichen Zwecken benutzte, indem er dafür Sorge trug, daß eine Hauptzeugin vor einem Strafverfahren, das mittelbar in Berührung mit der Affäre stand, sich ins Ausland absetzen konnte.

[86] Der Bericht der hinter verschlossenen Türen geführten regierungsinternen Untersuchung wurde, trotz der Tatsache, daß die Beweisprotokolle bis heute nicht veröffentlicht wurden, im allgemeinen von der Öffentlichkeit akzeptiert. Dies lag allein an der hohen Reputation des Hauptinquisitors Lord Denning. Er selbst äußerte über diesen Typ der Skandaluntersuchung: „There can be no dissent ... in as much as it has been held in private and in strict confidence, the witnesses were ... much more frank than they would otherwise have been." Zu den zwei großen Nachteilen: „First, being in secret, it has not the appearance of justice; second, in carrying out the inquiry, I have had to be detective, inquisitor, advocate and judge, and it has been difficult to combine them." (1963) Cmnd. 2152, S. 2f.

[87] Merchant Shipping Act (1894); hiernach wurde u. a. das „Channel Ferry Disaster 1987" untersucht.

[88] Civil Aviation (Investigation of Accidents) Regulations (1951)

[89] Vgl. hierzu: C. F. Padfield u. A. Byrne, S. 301.

chen Unglücksuntersuchung und wegen der gebotenen Eile, die Ursachen an Ort und Stelle zu ergründen, übertragen die Gesetze den entsprechenden Ministerien die Einsetzungsbefugnis. Eine vorherige Debatte in beiden Parlamentshäusern sowie die Verabschiedung entsprechender Parlamentsresolutionen hielt man in derartigen Fällen nicht für erforderlich.[90]

Die wichtigste Ursache des Rückganges der Tribunal-Verfahren besteht in der Einführung der sog. „Departmental Select Committees" aus dem Jahre 1979. Hierbei handelt es sich um parlamentarische Untersuchungsausschüsse des House of Commons, die aber von ihrer Aufgabenstellung nicht mit den klassischen Select Committees vergleichbar sind. Der Grund ihrer Einführung steht ebenfalls in keinem direkten Zusammenhang mit den Tribunals-Verfahren. Es war mit ihrer Einführung nicht beabsichtigt, die Untersuchungsgegenstände der Tribunale wieder zurück auf die parlamentarischen Untersuchungsausschüsse zu transferieren[91]. Das Tribunals of Inquiry Act ist weiterhin in Kraft. In der 10jährigen Praxis der Departmental Select Committees hat sich aber im Ergebnis gezeigt, daß die von der Idee des Tribunals of Inquiry Act einem Tribunal zu übertragenden Untersuchungsgegenstände von den parlamentarischen Kontrollausschüssen untersucht werden.

So bleibt mit *Segal* abschließend festzuhalten:[92] "A Tribunal of Inquiry is the most desirable forum in which to investigate matters of urgent public importance which involve something in the nature of a nation-wide crisis of confidence. Unfortunately, it seems that the Tribunal of Inquiry, a British contribution to the legal world, has been largely ignored in Britain itself".

[90] Die Courts of Inquiry bestehen aus drei Kommissionsmitgliedern. Sie müssen keine Juristen sein. In der Regel sind sie Sachverständige auf dem entsprechenden Unglücksgebiet. Die Untersuchungskommissionen haben alle Befugnisse eines Gerichtes. Die Ergebnisse der Untersuchungen werden in einem Bericht festgehalten und veröffentlicht.

[91] In der Bundesrepublik Deutschland werden verfassungsrechtliche Bedenken erhoben, die politische Untersuchung einem außerparlamentarischen Gremium anzuvertrauen. Vgl. hierzu: A. Arndt, Reformen der parlamentarischen Untersuchungsausschüsse?, in: DRiZ 1964, S. 290ff. (291); zum Ganzen: R. Kipke, S. 182ff.

[92] Tribunals of Inquiry, S. 214.

2. Abschnitt

Die Departmental Select Committees (Die parlamentarischen Untersuchungsausschüsse des House of Commons)

§ 15 Die Reform von 1979

Die Errichtung der Departmental Select Committees durch die Parlamentsreform aus dem Jahre 1979 stand zunächst in keinem unmittelbaren Zusammenhang mit der Tätigkeit der Tribunals of Inquiry. Mit der Einführung der ressortorientierten parlamentarischen Sonderausschüsse wurden andere Ziele verfolgt. Die Departmental Select Committees verstehen sich als parlamentarische Kontrollausschüsse, die dazu beitragen sollen, das wachsende Informationsgefälle zwischen der Regierung und dem Parlament einzuebnen.[1] Die Dominanz der Regierungspartei dehnte sich über die „Whips"[2] auch auf die „Backbenchers" (Hinterbänkler) aus. Die Fähigkeit, die Tagespolitik oder die Handlungen eines Ministers zu kontrollieren, ging verloren. Dieser faktische Verlust der Kontrollmöglichkeit wurde noch durch die Zunahme der gesamten Regierungsstätigkeit vergrößert. Auch England wandelte sich gegen Ende des 19. Jahrhunderts zum modernen Wohlfahrtsstaat, der immer mehr legislative, aber auch insbesondere administrative Aufgaben an sich zog[3]. Die Regierung rekrutierte zur Befriedigung der wachsenden Bedürfnisse immer mehr Minister[4] aus den Reihen der Parlamentarier.[5] Der zunehmenden Größe der Exekutive standen zunehmend mehr Abgeordnete gegenüber, die immer weniger über die Regierungstätigkeit informiert waren. Für den einzelnen Abgeordneten wurde es immer schwieriger, den Regierungsapparat zu durchschauen, Sachverhalte

---

[1] Report from the Select Committee on Procedure (1977-78), HC 588-I, S. VIII.

[2] Die Bezeichnung „Whip" ist der Hasenjagd (beagling) entnommen. Die „Whips" halten die bei der Jagd benötigten Hunde an der Leine und kontrollieren so ihren gezielten Einsatz. Im Parlamentsrecht hat die Bezeichnung „Whip" zwei verschiedene Bedeutungen:
„Whips" werden die führenden Parteioffiziellen der Regierung oder der Opposition genannt. Nach jeder Allgemeinen Wahl (General Election) werden aus den Reihen der Abgeordneten ein Chief Whip und mehrere sog. Assistant Whips von jeder Partei ernannt. Sie sind — vergleichbar den deutschen Fraktionssprechern — die Agenten, durch die die parlamentarische Parteienmaschine läuft.
Darüber hinaus wird die Bezeichnung „Whip" zur Umschreibung für die an die einzelnen Abgeordneten gerichteten schriftlichen Direktiven gebraucht, in denen sie zum Erscheinen oder zu einer bestimmten Handlung (Wahl oder Abstimmung) aufgefordert werden. Vgl. hierzu: K. Löwenstein, S. 225ff.

[3] Report from the Select Committee on Procedure (1977-78), HC 388-I, S. IX.

[4] G. Drewry, The New Select Committees, Oxford 1985, S. 14.

[5] Die Minister müssen aus den Reihen beider Häuser stammen. Nach dem House of Commons Disqualification Act (1975) ist die Anzahl der Regierungsmitglieder aus den Reihen der Commoner auf max. 95 beschränkt. Die verbleibenden Minister müssen dem House of Lords entnommen werden.

voll zu erfassen und Entscheidungsabläufe nachzuvollziehen.[6] Die traditionale Aufgabe des Abgeordneten setzt aber Information und fachliche Unterstützung voraus.

Mit dem Anwachsen ihrer Aufgaben beanspruchte die Regierung zusätzlich immer mehr Zeit im Parlament, die sie mit der großen Balfour-Reform aus dem Jahre 1902 auch tatsächlich erhielt.[7] Mit der drastischen Vermehrung der Regierungssitzungen im House of Commons verlor das Plenum an Gestaltungsbefugnis. Die Regierung emanzipierte sich nun vollends und wandelte sich zu einem dominierenden Machtfaktor. Die Zeit der großen informatorischen Parlamentsdebatten des 19. Jahrhunderts war vorbei.[8] Regierungsentscheidungen waren zwar auch weiterhin dem Parlament gegenüber zu verantworten, doch allein die Voraussetzung zum Nachvollziehen der getroffenen Entscheidung, nämlich die unerläßliche Information, fehlte. Einen schwachen Ausgleich boten insofern die in jeder Sitzung stattfindende „Question Time"[9] und das „Adjournment".[10] Diese traditionalen parlamentarischen Kontrollrechte sind — wie in der Bundesrepublik Deutschland die Interpellationsrechte — zeitlich beschränkt und ihrerseits nur dann von besonderem Wert, wenn der fragende Abgeordnete bereits ausreichende Informationen zur Formulierung der Frage selbst besitzt.

Die Vormachtstellung der Regierung wurde durch die zwei Weltkriege weiter ausgebaut. Diese nationalen Notstände ließen den Regierungsanteil an den Parlamentssitzungen weiter steigen. Das Parlament, insbesondere seine Minderheit, hatte nur noch im Rahmen der „Adjournment Motions" eine Möglichkeit, die Parlamentsarbeit selbst zu gestalten.[11]

Die Einbußen des Parlaments an politischer Entscheidungs- und Kontrollkompetenz wurden nach dem Kriege zunächst nur zaghaft beseitigt. Zur Wiederbelebung der klassischen Kontrolltätigkeit wurde neben der Einführung der „Opposition Days"[12] mit dem „Parliamentary Commissioner Act"[13] die

---

[6] Report from the Select Committee of Procedure (1977-78), S. IX.

[7] Vgl. dazu J. Redlich, S. 230ff.

[8] Report from the Select Committee on Procedure (1977-78), S. IV.

[9] Zur Fragestunde: Select Committee on Procedure, Question Time (1969-70), HC. 198; Select Committee on Parliamentary Questions (1971-72), HC. 393.

[10] Vergleichbar der Aktuellen Stunde können mittels des „Adjournment" Dringlichkeitsdebatten am Ende eines jeden Sitzungstages geführt werden. Vgl. dazu: H. Wollmann, Die Stellung der Parlamentsminderheit in England, der Bundesrepublik Deutschland und Italien, Den Haag 1970, S. 146ff.

[11] Ebda., S. 148.

[12] An 20 Tagen einer jeder parlamentarischen Session kann die Opposition die Gegenstände für eine Debatte bestimmen. Die Verteilung dieser Tage auf die einzelnen Oppositionsparteien wird von der offiziellen Opposition (H. M. Opposition) vorgenommen. Die größte Minderheitenpartei kontrolliert insofern die kleineren Oppositionsparteien. In der Session 1986/87 fielen auf die Labour Party 17 und auf die Liberals 3 Oppositionstage.

Institution eines parlamentarischen Ombudsmans geschaffen. Der parlamentarische Beauftragte hat die Pflicht, alle an ihn herangetragenen Einzelfallbeschwerden zu behandeln. Seine umfangreichen Befugnisse stehen ihm aber nur zur nachträglichen Kontrolle administrativer Entscheidungen zur Verfügung.[14] Mit dieser Institution verfügt das Parlament keineswegs über eine Möglichkeit, Einblick in die gegenwärtige Regierungstätigkeit und -politik zu erhalten.

Von dem Bemühen, das Verhältnis zwischen Exekutive und Legislative gleichgewichtig zu gestalten, blieb auch das parlamentarische Ausschußwesen nicht unberührt. Seit den späten 60er Jahren setzte das House of Commons erstmalig vereinzelt begleitende Kontrollausschüsse ein. Sie waren entweder mit einem einzelnen Regierungsministerium (Landwirtschaft, Erziehung, Überseeische und Schottische Angelegenheiten) oder einem größeren Aufgabengebiet (Wissenschaft und Technologie, Rassenbeziehungen und Emigration) befaßt.[15] Ihre Einsetzung war auf die Dauer einer Session begrenzt. Doch trotz der Ausstattung dieser Select Committees mit den klassischen Untersuchungsbefugnissen blieb die parlamentarische Regierungskontrolle im Ergebnis weiterhin wenig effektiv.[16] Die quantitative Zunahme der Regierungskontrolle führte keineswegs zu der erwünschten qualitativen Veränderung des Verhältnisses zwischen Exekutive und Legislative. Die parlamentarische Kontrolle deckte auch weiterhin nur einzelne Regierungstätigkeiten ab, und dies auch nur für die Dauer einer Session. Der parlamentarische Hilfsdienst war zu stark unterbesetzt. Die Fluktuation unter den mit der Untersuchung befaßten Abgeordneten war zu groß, als daß sich eine kontinuierliche Regierungskontrolle hätte einspielen können.[17]

1978 wurde eine parlamentarische Kommission eingesetzt, um Empfehlungen für die künftige Gestaltung zwischen der Exekutive und der Legislative auszuarbeiten. Hierbei sollte sie insbesondere ergründen, wie effektive Kontrolle über die Regierung und die expandierende Bürokratie erzielt werden könnte. Der Bericht des Select Committee on Procedure[18] empfahl daraufhin die Einführung eines neuartigen, systematischen Untersuchungssystems: das Departmental Select Committee System of the House of Commons.

---

[13] Parliamentary Commissioner Act (1967) c. 13; vgl. dazu: The Parliamentary Commissioner for Administration (1965), Cmnd. 2767.

[14] O. H. Phillips u. P. Jackson, S. 653ff.

[15] C. F. Padfield u. A. Byrne, S. 80.

[16] G. Drewry, The New Select Committees, S. 18ff.

[17] Ausdrücklich in Standing Order No. 130 (6) heißt es jetzt: „Unless the House otherwise orders, all Members nominated to a committee appointed under this order shall continue to be Members of that committee for the remainder of the Parliament."

[18] Report from the Select Committee on Procedure (1977-78), HC. 588 I-III, insbes. S. XLVII-LXXXVIII.

§ 16 Die Struktur der Departmental Select Committees

Vergleichbar den Fachausschüssen des Deutschen Bundestages sind die Departmental Select Committees des House of Commons strukturiert. Nach No. 130 der Standing Orders of the House of Commons Relating to Public Business sind den 14 hauptsächlichen Regierungsressorts entsprechende parlamentarische Kontrollausschüsse zugeordnet:

Die Bezeichnung der Kontrollausschüsse:	Die entsprechenden Regierungsressorts:
1. Agriculture Committee (Landwirtschaftsausschuß)	Ministry of Agriculture, Fisheries and Food
2. Defence Committee (Verteidigungsausschuß)	Ministry of Defence
3. Education, Science and Arts Committee (Erziehungs- und Wissenschaftsausschuß)	Department of Education and Science
4. Employment Committee (Arbeit)	Department of Employment
5. Energy Committee (Energie)	Department of Energy
6. Enviroment Committee (Umwelt)	Department of Environment
7. Foreign Affairs Committee (Auswärtiger Ausschuß)	Foreign and Commonwealth Office
8. Home Affairs Committee (Innenausschuß)	Home Office
9. Scottish Affairs Committee (Schottische Angelegenheiten)	Scottish Office
10. Social Services Committee (Gesundheit und Soziales)	Department of Health and Social Security
11. Trade and Industry Committee (Wirtschaft)	Department of Trade and Industry
12. Transport Committee (Verkehr)	Department of Transport
13. Treasury and Civil Service Committee (Finanzen und öffentlicher Dienst)	Treasury, Management and Personnel Office, Board of Inland Revenue, Board of Customs and Excise
14. Welsh Affairs Committee (Walisische Angelegenheiten)	Welsh Office

Das System der Kontrollausschüsse deckt nicht vollständig alle Ministerien ab. Die wesentlichste Auslassung betrifft das Lord Chancellor's Department. Der Lord Chancellor ist Inhaber eines der eigentümlichsten Regierungsämter in England. Er übt im Range eines Kabinettministers zugleich exekutive, legislative und judikative Aufgaben aus. Da er ex officio zahlreichen Obergerichten des Landes, darunter auch dem House of Lords in seiner Eigenschaft als „High Court of Parliament", präsidiert, genießt er den Status der richterlichen Unabhängigkeit. Als Minister der Krone trifft ihn aus diesem Grunde lediglich die kollektive Verantwortlichkeit. Sein Schicksal ist direkt an das der gesamten Regierung gekoppelt, so daß er wie jedes andere Regierungsmitglied von einem

Regierungswechsel betroffen ist. Doch im Gegensatz zu den meisten seiner Ministerkollegen ist er dem Parlament nicht individuell verantwortlich. Er hat die Ausübung seines Amtes nicht dem Parlament gegenüber darzustellen und persönlich Rechenschaft abzulegen. Formell ist dies dadurch sichergestellt, daß der Lord Chancellor ein Mitglied des House of Lords sein muß. Er kann schon aus diesem Grunde nicht vor das House of Commons zitiert werden. Auch im House of Lords entfällt für ihn die Verpflichtung, die Regierungspolitik generell vor dieser Kammer zu rechtfertigen, da er zugleich deren Speaker ist.[19]

Zur Wahrung der unabhängigen Stellung des Lord Chancellor hat das House of Commons darauf verzichtet, ein parlamentarisches Pendant seinem Ministerium gegenüberzustellen. Aus diesem Grunde ist die parlamentarische Kontrolle seines Ministeriums auch nicht dem Home Affairs Committee oder einem anderen Untersuchungsausschuß übertragen worden.[20]

Das Departmental Select Committee-System verfügt darüber hinaus über keinen Rechtsausschuß. Im Unterschied zur deutschen Verfassung ist die Institution eines Justizministers in England völlig fremd. Traditionell stand der Errichtung eines Justizministeriums immer die richterliche Unabhängigkeit entgegen. Die Funktionen, die einem Justizminister in der Bundesrepublik Deutschland übertragen sind, werden seit alters her durch den Lord Chancellor, den Home Secretary und den Attorney-General gemeinsam ausgeübt. Mit der Teilung der Funktionen und der Zuordnung auf verschiedene Minister soll verhindert werden, daß die Exekutive übermächtig auf die Justiz einwirkt.[21]

Die eigentümliche Unionsverfassung des Vereinigten Königreichs hat auch Auswirkungen auf das Departmental Select Committee-System. Während ausdrücklich Kontrollausschüsse für Schottische und Walisische Angelegenheiten errichtet wurden, fehlen diese für England und Nordirland.

Die mehr oder weniger zwangsweise Vereinigung der vier Einzelteile zum „United Kingdom of Great Britain and Northern Ireland“ führte staatsrechtlich zum Erlöschen der Staatsqualität der jeweiligen Einzelteile.[22] Mit der Ausdehnung der Union auf die Territorien der britischen Inseln hörten die alten staatlichen Institutionen formell auf zu existieren, und ihre Funktionen wurden dem neu geschaffenen Staatsgebilde, dem Vereinigten Königreich, übertragen. Die ursprünglichen Staaten der britischen Inseln wurden zu mehr oder weniger verselbständigten Provinzen unter Beibehaltung ihrer eigenständigen Rechtssysteme und der historisch ebenfalls unterschiedlich gewachsenen örtlichen Verwaltungen. Inhaltlich lebten aber in den neu geschaffenen staatlichen Organen nach den Unionsverträgen von 1707 und 1800 die alten englischen

---

[19] O. H. Phillips u. P. Jackson, S. 160f.

[20] Report from the Select Committee on Procedure (1977-78), S. LXXXI

[21] C. F. Padfield u. A. Byrne, S. 250ff.

[22] C. R. Munro, S. 17.

Institutionen wieder auf.[23] London blieb immer Regierungs- und Parlamentssitz, dessen Einzugsgebiet durch die Unionsverträge auf die dazugetretenen Unionsteile erweitert wurde. Die einzelnen Ministerien blieben selbstverständlich mit der Aufgabenerledigung Englischer Angelegenheiten betraut, ihr Aufgabengebiet wurde lediglich um das der dazugetretenen Unionsteile erweitert. Auf eine förmliche Errichtung eines „English Office" in der Regierung wurde aus diesem Grunde auch verzichtet. Wie selbstverständlich waren alle Ministerien mit englischen Angelegenheiten betraut. Entsprechend gibt es auch im neuen Departmental Select Committee-System kein „English Affairs Committee". Alle parlamentarischen Kontrollausschüsse sind, mit Ausnahme der „Scottish Affairs" und „Welsh Affairs" Committees, mit der Überprüfung Englischer Angelegenheiten betraut.[24]

Dagegen sind den besonderen provinzbezogenen Ministerien für Schottland und Wales besondere parlamentarische Untersuchungsausschüsse gegenübergestellt. Sie befassen sich mit der Kontrolle der ihren Ministerien übertragenen regionalen Aufgaben, also insbesondere mit dem Erziehungswesen, der Landwirtschaft, dem Gesundheitswesen und der Umwelt.[25] Mit der Übertragung der genannten Regierungsaufgaben auf die provinzbezogenen Ministerien ist nun keineswegs eine rechtliche Kompetenzübertragung zur eigenständigen Bewältigung provinzialer Angelegenheiten vorgenommen worden. Das Vereinigte Königreich ist ein Einheitsstaat gerade ohne ausdrücklichen föderalen Unterbau. Seit der „Irischen Frage" wurden zwar unter der Bezeichnung „Devolution" bis zur Gegenwart verschiedene Modelle einer vertikalen Gewaltenteilung in Angriff genommen.[26]

Zu einer Verwirklichung ist es bisher weder in bezug auf Schottland noch auf Wales gekommen. Das „Scotland Act" und das „Wales Act" sahen zwar die Konstituierung direkt gewählter Versammlungen vor, die mit der Wahrnehmung provinzieller Angelegenheiten betraut werden sollten, um diesen Provinzen ein größeres Maß an Unabhängigkeit von der Zentralgewalt einzuräumen. Beide Gesetze waren jedoch an die Zustimmung der betreffenden Volksgruppen gebunden. Die jeweiligen Volksreferenden vom 1. März 1979 fielen aber negativ aus[27], so daß Wales und Schottland auch weiterhin ausschließlich von der

---

[23] Ebda., S. 15.

[24] D. Englefield, Commons Select Committees, London 1984, S. 120ff.

[25] C. F. Padfield u. A. Byrne, S. 154f.

[26] Der Begriff „Devolution" ist nicht auf eine bestimmte Form dieser vertikalen Gewaltenteilung fixiert. Nach Munro bezeichnet er den Vorgang der Föderalisierung (Studies in Constitutional Law, S. 22f.). Während die „Royal Commission on the Constitution" ihn in ihrem Bericht von 1973 lediglich als eine Teildelegation der Zentralgewalt definierte: „Devolution is the delegation of Central Government powers without the relinquishment of Sovereignty" (Cmnd. 5460, Rdnr. 543).

[27] Zwar hatte sich in Schottland mit 51,6% eine Mehrheit der abgegebenen Stimmen für die Teilautonomie entschieden. Doch nach der sog. „Cunningham Provision" war mindestens eine Zustimmung von 40% aller Wahlberechtigten erforderlich. In Schottland

Zentralgewalt unter Wahrung der jeweils unterschiedlichen traditionalen Besonderheiten regiert werden.[28]

Eine weitere Besonderheit gilt für Nordirland.[29] Der Sonderstatus Northern Ireland wirkt sich auch auf die Organisation der parlamentarischen Kontrolle aus. Dem Northern Ireland Office ist kein entsprechender parlamentarischer Kontrollausschuß zugeordnet. Angelegenheiten, die das Nordirische Ministerium betreffen, werden von den anderen zwölf überregionalen Kontrollausschüssen mit überprüft. Dies ist ausdrücklich in No. 130 der Standing Orders bestimmt: „... and similar matters within the responsibilities of the Secretary of State for Northern Ireland".

§ 17 Das Aufgabengebiet

Nach No. 130 (1) der Standing Orders haben die Departmental Select Committees die Aufgabe, die Ausgaben, Verwaltung und Regierungspolitik des ihnen zugeordneten Regierungsministeriums sowie assoziierter öffentlicher Körperschaften zu kontrollieren: „... to examine the expenditure, administration and policy of the principal government departments ... and associated public bodies". „Associated public bodies" ist eine Umschreibung für alle verstaatlichten Industrien, private Unternehmungen mit großer Staatsbeteiligung und die sog. „Quangos". „Quangos" sind — vergleichbar den deutschen öffentlichrechtlichen Körperschaften — halbstaatliche Organisationen, die der Exekutive in der Bewältigung ihrer zahlreichen Aufgaben dienen.[30]

Die Aufgabe der Departmental Select Committees besteht ausschließlich darin, die Tätigkeit der Ministerien zu überprüfen (to examine). Sie sind nicht mit Gesetzgebungsaufgaben betraut, die den Standing Committees vorbehalten sind.[31] Zur Vorbereitung größerer Reformwerke werden den Enquête-Kommissionen entsprechende Royal Commissions eingesetzt.[32]

Die Departmental Select Committees nehmen auch keine parlamentsinternen Aufgaben wahr, wie etwa die der Regelung der Immunitätsangelegenheiten oder

---

machten die 51,6% der abgegebenen Stimmen aber nur 32,8% der Stimmen aller Wahlberechtigten aus. In Wales verlief die Abstimmung nicht so knapp zu ungunsten der Teilautonomie. Dort votierten nur 20,3% der abgegebenen Stimmen mit „Ja", was eine Zustimmung von 11,9% aller Wahlberechtigten bedeutete. Vgl. hierzu C. R. Munro, S. 32.

[28] Ebda. S. 33f.

[29] Auch hier herrschen eine eigenständige Gerichtsverfassung sowie ein zu den übrigen Landesteilen unterschiedliches „Local Government". Vgl. dazu oben § 12, Fußn. 53 sowie zum Ganzen C. R. Munro, S. 16ff.

[30] „Quangos" steht für: quasi-autonomous non government organisations; vgl. dazu C. F. Padfield u. A. Byrne, S. 377f.

[31] T. E. May, Parliamentary Practice, S. 660ff.

[32] H. H. Rass, Royal Commissions in Großbritannien, in: Enquête-Kommissionen und Royal Commissions, hrsg. von K. Lompe, H. H. Rass u. D. Rehfeld, Göttingen 1981, S. 71ff.

der Geschäftsordnung. Diese Parlamentsinterna sind sog. „Domestic Committees" übertragen.[33]

Die Wahlprüfung ist dem Parlament gänzlich entzogen. Sie obliegt dem Election Court, einer Abteilung des High Court.[34]

Die Departmental Select Committees überprüfen die laufende Regierungstätigkeit „ihres" Ministeriums und seiner ihm zugeordneten öffentlichen Körperschaften. Es handelt sich dabei um eine begleitende Kontrolle. Die Kontrollausschüsse dienen dem House of Commons zum Ausbau einer Art „Gegenbürokratie" zu den bestehenden Ministerien. Ziel der Kontrollausschüsse ist es, Informationen über die Arbeit „ihrer" Ministerien zu erhalten, um durch Empfehlungen an das einsetzende Haus gegebenenfalls Korrekturen der Regierungstätigkeit einleiten zu können.

Insofern unterscheiden sich die Departmental Select Committees von den parlamentarischen Untersuchungsausschüssen des Bundestages. Diese entfalten keine kontinuierliche Kontrolle der Regierung, sondern werden nachträglich zur Tatsachenfeststellung im Rahmen eines speziellen Falles eingesetzt. Während der Zweck der Untersuchungsausschüsse des Bundestages darin liegt, ex post einen Einzelfall zu überprüfen, der theoretisch auch Wahlen, Parlamentsinterna und Gesetzgebungsakte betreffen kann, beabsichtigen die Departmental Select Committees eine begleitende, allgemeine und vor allem kontinuierliche Kontrolle der Regierung.

Sie unterscheiden sich in ihrem Aufgabengebiet auch von den Ständigen Ausschüssen des Deutschen Bundestages. Die Ständigen Ausschüsse sind nach § 62 I GeschO BT zur Erledigung der ihnen „überwiesenen Aufgaben" verpflichtet, d. h. in der Mehrzahl der Fälle zur Beratung und Beschlußempfehlung von Gesetzesvorhaben. Zwar haben sie darüber hinaus ein Selbstbefassungsrecht, wonach sie sich auch anderen Fragen aus ihrem Geschäftsbereich widmen können. Damit ist ihnen nach der Geschäftsordnung die Möglichkeit eingeräumt, auch selbständig Kontrollaufgaben wahrzunehmen. Bei der Ausübung der Kontrollfunktion stehen aber den Ständigen Ausschüssen im wesentlichen nur die begrenzten Möglichkeiten des Anhörungsverfahrens zur Verfügung. Dies wird im folgenden noch dargelegt.

Trotz des generellen Verweises auf die Kontrolle der Verwaltung (Administration), Finanzen (Finance) und Regierungspolitik (Policy) führten die Departmental Select Committees seit ihrem 10jährigen Bestehen in der Mehrzahl politische Untersuchungen durch.

---

[33] Zu den bedeutendsten zählt das Committee of Privileges, welches die Aufgabe einer Abgeordneten-Enquête hat. Es bereitet die Entscheidungen hinsichtlich disziplinarrechtlicher Maßnahmen gegen Abgeordnete wegen ihres „Dishonourable Conduct" vor. In Eilfällen entscheidet das Plenum sofort über die unumgänglichen Maßnahmen. Vgl. hierzu T. E. May, S. 653.

[34] Election Court Act, 1949. Vgl. hierzu J. R. Gascard, S. 14.

Die Ausgabenuntersuchungen (financial inquiries) waren bisher lediglich ein Nebenprodukt dieser sog. policy inquiries.[35] Der Grund hierfür liegt weniger darin, daß das House of Commons bereits seit 1861 über eine wirksame nachträgliche Finanzkontrolle durch den „Controller" und „Auditor-General" sowie das „Public Accounts Committee" verfügt,[36] die, vergleichbar der Finanzkontrolle des Deutschen Bundestages, zu allen Zeiten eine effektive Arbeit leisteten. Denn um die Etablierung einer zusätzlichen Finanzkontrolle „after the event" ging es der Parlamentsreform von 1979 nicht. Beabsichtigt war vielmehr die begleitende Finanzkontrolle. Zur Steigerung ihrer Effektivität stellte das House of Commons in der Session 1982/83 erstmals mit den „Supplementary Estimate Days" drei besondere Haushaltstage zur Verfügung, um die Berichte und Empfehlungen der Departmental Select Committees zu debattieren.[37] Dennoch zeigten die Ausschüsse keine große Vorliebe für die laufende Finanzkontrolle. Sie überließen diese Aufgabe in der Mehrzahl der Fälle dem „Treasury and Civil Service Committee". In den Fällen, in denen auch die anderen 13 Kontrollausschüsse ihrer begleitenden Finanzkontrolle Rechnung trugen, beauftragten sie außerparlamentarische Sachverständige (specialist advisers).

Die begleitende Finanzkontrolle bietet nämlich nach Ansicht der Mehrzahl der englischen Parlamentarier kein „lohnendes" politisches Terrain. Die Finanzverwaltung im modernen Wohlfahrtsstaat erfordert zu ihrem Verständnis ein gehöriges Maß an Zeit, über das Abgeordnete aller modernen Legislativen kaum verfügen. Auch in England verwandelte sich der für die Entstehungsgeschichte des Parlaments so ehrwürdige Grundsatz „redress of grievance before supply" in die konfliktfreiere Arbeitsweise des „supply will redress our grievance".[38]

Geringe Bedeutung haben auch die Untersuchungen in die Verwaltung der Ministerien (to examine ... the administration). Denn mit der Fortentwicklung der sog. „administrative Tribunals",[39] der spezifisch englischen Gerichtsbarkeit in Verwaltungsangelegenheiten[40] besteht eine effektive außerparlamentarische

---

[35] G. Drewry, The New Select Committees, S. 25.

[36] Die Finanzkontrolle findet nach den Parliament Acts aus den Jahren 1911 und 1949 ausschließlich im House of Commons statt, vgl. zum Ganzen: O. H. Phillips u. P. Jackson, S. 217 ff.

[37] Report from the Liaison Committee (1982-83) HC. 92, S. 15.

[38] G. Drewry, The New Select Committees, S. 309.

[39] Diese Tribunale werden nach dem Tribunals and Inquiry Act, 1958, in der Fassung von 1972 eingesetzt. Der Anwendungsbereich ist von dem des Tribunals of Inquiry (Evidence) Act aus dem Jahre 1921 strikt zu trennen.

[40] Vgl. hierzu: H. Schiedermair u. D. Dörr, Die Beteiligung von Bewohnern der Nachbarstaaten im Verwaltungsverfahren Großbritanniens, in: Grenzüberschreitende Verfahrensbeteiligung im Umweltrecht der Mitgliedstaaten der Europäischen Gemeinschaften, hrsg. v. G. Ress, Köln 1985, S. 217ff. (218 f.). Zur Abgrenzung des öffentlichen vom privaten Recht in England neuerdings M. Peglow, Rahmenbedingungen für

Kontrolle hinsichtlich der Verwaltung. Bestehende Kontrollücken wurden durch die Einführung des parlamentarischen Ombudsman,[41] der im Gegensatz zu den Beauftragten des Deutschen Bundestages mit allen Beschwerden über die Verwaltung, die ihm durch die Abgeordneten zugetragen werden, betraut ist, und des ihn sowohl unterstützenden als auch kontrollierenden parlamentarischen Ausschusses des House of Commons, dem Select Committee on the Parliamentary Commissioner for Administration,[42] geschlossen. Durch die Errichtung dieser Kontrolleinrichtungen bleibt das wesentliche Aufgabengebiet der Departmental Select Committees die eigentliche Regierungstätigkeit selbst, also diejenigen staatsleitenden Funktionen, in denen sich vorwiegend das „Politische" entfaltet. Haupttätigkeitsgebiet der Departmental Select Committees sind somit die bedeutenden Entscheidungen und Vorhaben der Regierung, die von nicht nur singulärer Bedeutung sind, sondern richtungsweisend für das ganze Land.[43]

Trotz der eindeutigen — auch bereits bei den Beratungen anläßlich der Reform von 1979 bekannten — Präferenz der „Policy Inquiries" ist davon Abstand genommen worden, die Arbeit der Departmental Select Committees auf die Untersuchung der „Policy" von vornherein zu beschränken. Denn die Trennung zwischen einer rein „politischen Untersuchung" und einer Untersuchung der Ausgaben und Verwaltung ist oftmals nicht eindeutig zu ziehen. Um die Untersuchung nicht im Vorfeld ihrer eigentlichen Tätigkeit mit Abgrenzungsfragen zu belasten, hat man ihnen den allgemein formulierten Untersuchungsauftrag erteilt. Letztlich dient dies der Effektivitätssteigerung der Ausschußarbeit.

§ 18 Die Einsetzung

Ein wesentlicher Unterschied zu den klassischen Untersuchungsausschüssen besteht hinsichtlich der Einsetzung. Das House of Commons verzichtete erstmals auf die ad hoc-Einsetzung mit genau bezeichnetem Untersuchungsauftrag. Statt dessen werden die Select Departmental Committees für die Dauer einer Legislaturperiode mit dem weiten Kontrollauftrag „to examine the expenditure, administration and policy" eingesetzt. Im Unterschied zu früheren parlamentarischen Untersuchungsausschüssen sind sie auch befugt, während der sitzungsfreien Zeit, also insbesondere in den Parlamentsferien, zu tagen.[44]

Terminbörsen — Eine Untersuchung des deutschen und englischen Börsenorganisationsrechts, Frankfurt (Main) 1989, S. 133ff.

[41] Parliamentary Commissioner Act, 1967, c. 13.

[42] Vgl. hierzu R. Gregory, „The Select Committee on the Parliamentary Commissioner for Administration", P. L. (1982), S. 49; O. H. Phillips u. P. Jackson, S. 656ff.

[43] G. Drewry, The New Select Committees, S. 26; Report from the Liaison Committee (1983-83) HC 92, S. 8-12 u. 24.

[44] Standing Order No. 106 u. 130 (6).

Die Entbindung der Kontrolltätigkeit von den einschneidenden Sessionen verschafft den Ausschüssen darüber hinaus einen Freiraum, ihre Untersuchungstätigkeit entsprechend zu planen. Damit ist ihnen ferner garantiert, langfristige Projekte auch langfristig verfolgen zu können. Die Kontinuität der Kontrolle erfährt dadurch eine Stärkung. Darüber hinaus ist langfristig eine engere Beziehung zwischen den Ausschüssen und den zugeordneten Ministerien geschaffen, die der Wiederbelebung der Regierungsverantwortlichkeit (reinforcement of government accountability) dient.[45]

Der wenig konkret gefaßte Untersuchungsauftrag ermöglicht es den Ausschüssen, den Gegenstand ihrer Untersuchung im Einzelfall selbst zu wählen. Mit der Übertragung des Selbstbefassungsrechtes auf die Ausschüsse hat sich das House of Commons jedoch nicht der Möglichkeit begeben, jederzeit den Umfang der Untersuchungen auszudehnen bzw. zu begrenzen. Durch entsprechenden Mehrheitsbeschluß kann das Haus mittels sog. „instructions", die entweder befehlend (mandatory) oder nachgiebig (permissive) sind, in die Untersuchungen eingreifen.[46]

Die Kontinuität sowie das Selbstbefassungsrecht der Ausschüsse stellen einen gewissen Ausgleich zum Fehlen eines formalen Einsetzungsrechtes der Minderheit dar. „The existence of the Committees is regulated by Standing Orders and their continuation is therefore *not dependent on the Government of the day*".[47] Die Initiative zur Kontrolle liegt nicht mehr beim Parlament und ist nicht mehr von einem Mehrheitsbeschluß des ganzen Hauses abhängig. Natürlich kann die Mehrheit im House of Commons die Untersuchung auch weiterhin verhindern. So besteht jederzeit die Möglichkeit, die Departmental Select Committees insgesamt wieder abzuschaffen. Die Mehrheit kann darüber hinaus die Untersuchung eines bestimmten Themas mittels spezieller „instructions" beeinflussen. Und schließlich kann sie auch in den Ausschüssen das Aufgreifen eines Untersuchungsthemas verhindern. Aber jede dieser Vorgehensweisen wäre immer aufwendiger als die generelle Nichtzulassung einer „ad hoc"-Untersuchung durch das Plenum. Mit der Existenz der Departmental Select Committees sind nun einmal besondere Kontrollorgane geschaffen, deren Aufgabe es ist, die Regierungstätigkeit vollständig und kontinuierlich zu überprüfen. Damit ist insbesondere der Opposition die Möglichkeit eingeräumt, außerhalb der formalen Prozedur im House of Commons ihren Unmut sofort in den Ausschüssen zu artikulieren. Da in den Ausschüssen kein formales Regelwerk die Debatte beschränkt, wird die öffentliche Kritik gegen spezielle Regierungsmaßnahmen sofort sichtbar.[48]

---

[45] D. Englefield, Commons Select Committees, S. 62.

[46] T. E. May, S. 687.

[47] D. Englefield, Commons Select Committees, S. 162.

[48] Ebda.

§ 19 Die Zusammensetzung

Die Departmental Select Committees bestehen aus je elf Abgeordneten, von denen drei das Quorum bilden.[49] Die Ernennung der Ausschußmitglieder obliegt — im Unterschied zu dem Ernennungsverfahren hinsichtlich der klassischen parlamentarischen Untersuchungsausschüsse — nicht mehr dem Haus selbst, sondern dem Committee of Selection.[50] Dieses „Domestic Committee" konstituiert sich nach den Bestimmungen der „Standing Orders relating to Private Business" und setzt sich ausschließlich aus sog. „Private Members" zusammen. Seine neun Ausschußmitglieder haben also weder eine offizielle Regierungs- noch eine Parteifunktion.[51]

Mit der Übertragung der Ernennungskompetenz auf das Committee of Selection sollte sichergestellt werden, daß die Dominanz der führenden Fraktionsmitglieder, der sog. „frontbenchers", auf beiden Seiten des Hauses sich nicht auch in den neuen Kontrollausschüssen fortsetzt.[52] Die Erfahrungen aus der Zeit der klassischen parlamentarischen Untersuchungsausschüsse lehrt, daß gerade sie es waren, die das Untersuchungsverfahren zu parteipolitischen Zwecken benutzten und durch ihre „parteilichen" Berichte wenig zur Wiederherstellung des öffentlichen Vertrauens in die staatlichen Institutionen beitrugen.[53] Um eine Wiederholung dieser negativen Erscheinungen zu verhindern, sollten die neuen parlamentarischen Untersuchungsausschüsse ausschließlich mit sog. „backbenchers" (Hinterbänkler) besetzt werden. Verfahrensrechtlich ist diese Beschränkung auf die „backbenchers" nicht festgelegt. Als die „Whips" (Fraktionssprecher) der im Haus vertretenen parlamentarischen Parteien schon bei der ersten Ernennung der Ausschußmitglieder im Jahre 1979 versuchten, Einfluß auf das Ernennungsverfahren zu nehmen, blockte das Committee of Selection mit dem Verweis auf sein freies Auswahlermessen sofort ab: „In nominating members of such committees the Committee enjoys full discretion and is under no obligation to consult, to take advice or to indicate any criteria of choice. To assist the House the Committee will not nominate members of the Government, Parliamentary Private Secretaries and regular Opposition Front-Bench Spokesmen".[54] Diesen Standpunkt hat das Committee of Selection bis heute beibehalten. Tatsächlich hat der Selektionsprozeß rigoros jeden ausgelassen, der einen offiziellen Posten in den parlamentarischen Parteien einnimmt.[55]

---

[49] Standing Order No. 130 (2); 13 Mitglieder nur im Scottish Affairs Committee bei einem Quorum von 5.

[50] Standing Order No. 104 (2).

[51] T. E. May, S. 728.

[52] Report of the Select Committee on Procedure (1977-078), HC. 588-I, S. X.

[53] Vgl. dazu obige Ausführungen in § 8.

[54] HC. Debs. (1979-80) 974 u. 1029-36.

[55] Vgl. dazu T. E. May, S. 684.

Aufgrund einer Konvention wird bei der Besetzung der Ausschußmitglieder der Parteienproporz im House of Commons zugrundegelegt.[56] Das hat zur Folge, daß in allen Ausschüssen die Regierungspartei mehrheitlich vertreten ist. Einen gewissen Ausgleich hierzu schafft der parlamentarische Brauch, in einigen Fällen einem Mitglied der Opposition den Vorsitz im Ausschuß einzuräumen. Eine feste Regel, nach der der Vorsitz unter den Fraktionen verteilt wird, existiert nicht. Die bisherige Praxis zeigt, daß der Vorsitz in den den klassischen Regierungsressorts (Verteidigung, Inneres, Auswärtiges, Finanzen) entsprechenden Ausschüssen immer von einem Abgeordneten der Regierungspartei eingenommen wird.[57]

Die Wahl des Vorsitzenden obliegt dem jeweiligen Ausschuß selbst.[58] Gerade weil er nur im Falle der Stimmengleichheit im Ausschuß ein Stimmrecht hat, ist er die Schlüsselfigur des Ausschusses selbst. Diese Regelung trägt zur Stärkung des Ansehens und der Autorität des Ausschußvorsitzenden bei. Von ihm wird nicht in jeder Angelegenheit eine Entscheidung verlangt, die zugleich ja auch immer eine Entscheidung gegen einen Teil des Ausschusses wäre. Wenn aber der Vorsitzende zur Entscheidung aufgefordert wird, ist sein Urteilsspruch immer maßgeblich für den weiteren Fortgang der Untersuchung. Der Vorsitzende genießt dadurch nicht nur die Vorzüge seiner gewissen neutralen Position, die sich auf das gesamte Untersuchungsverfahren einschließlich der Zeugenvernehmung ausdehnt, sondern besitzt mit seiner „entscheidenden" Stimme (casting vote) auch die nötige Autorität, diese Neutralität gegebenenfalls zu behaupten.[59]

Jeder Ausschuß verfügt über einen permanenten Mitarbeiterstab, bestehend aus drei bis vier Bediensteten des Parlaments: ein Clerk of the House, ein Executive Officer und ein bis zwei Secretaries.[60] Der Clerk ist der bedeutendste Mitarbeiter. Als Parlamentsbeamter ist er zu Neutralität verpflichtet. Er leitet die erforderlichen Voruntersuchungen, hält unmittelbaren Kontakt zu den Regierungsbeamten, und über ihn werden die formlosen Aufforderungen zur Durchführung des Untersuchungsverfahrens zugestellt.[61]

§ 20 Das Verfahren

Das Untersuchungsverfahren der Departmental Select Committees ist — wie das der Untersuchungsausschüsse des Bundestages — zweigeteilt.[62] Es gibt das Beweisverfahren und das Beratungsverfahren. Die Beweiserhebung ist grund-

---

[56] Ebda., S. 683.

[57] D. Englefield, Commons Select Committees, S. 28.

[58] T. E. May, S. 689.

[59] D. Englefield, Commons Select Committees, S. 23.

[60] Report from the Liaison Committee (1982-83), HC. 92, S. 21.

[61] Report from the Select Committee on Procedure (1977-78), S. LXXVII.

[62] D. Englefield, Commons Select Committees, S. 82.

sätzlich öffentlich.[63] Parlamentexterne können aber jederzeit von den Sitzungen ausgeschlossen werden.[64] Die Beratung der Ausschußmitglieder findet dagegen unter Ausschluß der Öffentlichkeit statt. Die Abgeordneten des House of Commons — das schließt natürlich die Minister ein, die dem House of Commons entnommen sind — haben aber auch im Beratungsverfahren ein Zutrittsrecht. Sie können nur mittels einer „order" des Hauses selbst ausgeschlossen werden.[65]

Das Beweisverfahren ist — gleich dem deutschen Untersuchungsrecht[66] — seiner Natur nach inquisitorisch: „Essentially the Departmental Select Committees are inquisitorial bodies."[67] Es fehlt ihnen die Grundlage eines „adversary system", denn es gibt keine „Parteien" und entsprechend keine „Parteienvertreter." Eine gewisse Milderung des inquisitorischen Verfahrens liegt in der annähernd neutralen Position des Vorsitzenden. Er präsidiert zwar, führt aber nur in Ausnahmefällen die Vernehmung von Zeugen selbst durch. Statt seiner agieren die übrigen Ausschußmitglieder. Auch das vor den Gerichten erprobte „cross-examination" hat allmählich Eingang in die Verfahrensführung gefunden.[68]

Das inquisitorische Verfahren vor den parlamentarischen Untersuchungsausschüssen hat aber im Gegensatz zu den Untersuchungen vor den „Tribunals of Inquiry" nicht die gleiche Kritik erfahren. Während die Zuordnung der Tribunale zu den bereits bestehenden staatlichen Institutionen, insbesondere der ordentlichen Gerichte und des Parlaments, schwierig war und es sich mit ihrer Errichtung um eine tatsächliche Neuschöpfung einer Kontrollinstitution handelte, sind die Departmental Select Committees eindeutig als parlamentarische Organe identifizierbar. Als parlamentarische Organe knüpfen sie an die Jahrhunderte alten Erfahrungen der parlamentarischen Untersuchung an. Die Übernahme des parlamentarischen Inquisitionsverfahrens bedeutete von daher keine neue Herausforderung an die Untersuchungsausschüsse. Der mäßigende Einfluß der Rule of Law äußerte sich auch im autonomen Parlamentsrecht und bändigte das parlamentarische Inquisitionsverfahren.[69]

Um die verbleibenden inquisitorischen Kompetenzen nicht entarten zu lassen, hat das House of Commons bis heute den Ausschüssen jegliche

---

[63] Standing Order No. 108 (1)

[64] Die Formulierung in Standing Order No. 108 (1) geht entgegen der Praxis von dem umgekehrten Fall aus: „A Select Committee shall have power, if it so orders, to admit strangers during the examination of witnesses." Vgl. dazu: T. E. May, S. 700.

[65] T. E. May, S. 701.

[66] Vgl. zur inquisitorischen Natur des parlamentarischen Untersuchungsverfahrens in der Bundesrepublik: W. Gollwitzer, Der Betroffene im Verfahren der Untersuchungsausschüsse des Bayerischen Landtages, in: BayVBl 1982, S. 417.

[67] D. Englefield, Commons Select Committees, S. 35.

[68] D. Englefield, Commons Select Committees, S. 14.

[69] Zu dem Einfluß der Rule of Law im autonomen Parlamentsrecht vgl. unten § 22.

eigenständige Strafbefugnis vorenthalten.[70] Sie liegt weiterhin ausschließlich beim Haus selbst. Der Ausschuß muß sich im Falle der Behinderung der Arbeit an das Haus wenden, um die gebotenen Geld- und Freiheitsstrafen aussprechen zu lassen.[71]

Die Beweiserhebung wird protokolliert.[72] Die Zeugen erhalten Einsicht in die Protokolle, um kleinere Richtigstellungen vornehmen zu können. Wesentliche Veränderungen bedürfen aber einer erneuten Vernehmung durch den Ausschuß. Bei der Einsichtnahme in ihre protokollierten Aussagen können die Zeugen zugleich vermerken, welche ihrer Aussagen sie als vertraulich (confidential) behandelt wissen möchten. Es liegt im Ermessen des Ausschusses, dieser Bitte nachzukommen.[73] In der Regel berücksichtigen die Ausschüsse die Anliegen ihrer Zeugen und nehmen die angemerkten Stellen von der Veröffentlichung im Ausschußbericht aus. Dieses sogenannte „side-lining" findet auch Anwendung auf alle Arten des schriftlichen Beweises (written evidence).[74]

Im Ermessen des Ausschusses liegt es auch, in besonderen Vertraulichkeitsfällen die Beweiserbringung vor dem Vorsitzenden und dem Sprecher der Oppositionspartei im Ausschuß vornehmen zu lassen. Das Vorsitzenden-Verfahren wird häufig von der Regierung, insbesondere bei vertraulichen Dokumenten, beansprucht.[75]

Zur Sicherung des Dienstgeheimnisses beachtet der Ausschuß auch die von der Regierung vorgenommene Einstufung der Informationen in sogenannte Sicherheitsklassen (Security Classification). Entsprechend werden die als „top secret" (streng geheim),"secret" (geheim), „confidential" (vertraulich) und „restricted" (beschränkt geheim) markierten Teile der Information von der Veröffentlichung im Beweisprotokoll ausgenommen.[76]

Durchschnittlich werden innerhalb einer Session sechs bis acht Untersuchungen von einem einzelnen Ausschuß durchgeführt.[77] Alle Untersuchungsausschüsse sind verpflichtet, am Ende ihrer Untersuchung einen Bericht für das House of Commons anzufertigen. Der Bericht besteht aus zwei Teilen. In seinem ersten Teil, dem „Principal Report", werden die festgestellten Tatsachen, ihre Wertung durch den Ausschuß sowie Empfehlungen dargestellt. Er ist der eigentliche Untersuchungsbericht. Daran schließt sich in einem zweiten Teil das

---

[70] So schon die Empfehlung im Report of the Select Committee on Procedure (1977-78), S. XCV.

[71] T. E. May, S. 143.

[72] D. Englefield, Commons Select Committees, S. 83.

[73] T. E. May, S. 702.

[74] Ebda., S. 703.

[75] Vgl. dazu unten die Darstellung der Westland-Affäre in § 27.

[76] Report from the Select Committee on Procedure (1977-78), Anhang S. 47f.

[77] Report from the Liaison Committee (1982-83), S. 35ff., mit einer Auflistung aller parlamentarischen Untersuchungen im Zeitraum von 1979-1982.

Verhandlungsprotokoll („Minutes of Proceedings“) an, in dem alle Details über die Verhandlungen, die Anwesenheit der Ausschußmitglieder, die protokollierten Zeugenaussagen sowie jedes andere schriftliche Beweismaterial enthalten sind.[78]

Neben dem „Principal Report“ der Ausschußmehrheit ist grundsätzlich auch ein „Minority Report“ der Ausschußminderheit zulässig.[79] Die Minderheitenberichte sind aber bisher die Ausnahme geblieben.[80] Denn das Haus hat einen Ausschuß und nicht irgendeinen Abgeordneten oder Parteiungen eingesetzt, Untersuchungen anzustellen. Der Bericht bleibt aus diesem Grunde anonym, und die Überlegungen der Mehrheit sind die des Ausschusses selbst. Minderheitenberichte parlamentarischer Untersuchungsausschüsse stehen seit ihrem exzessiven Gebrauch gegen Ende des 19. Jahrhunderts in keinem guten Ansehen.[81] Sie trugen mit dazu bei, daß die parlamentarische Untersuchung als solche zunehmend in Frage gestellt wurde. Denn wie sollte das öffentliche Vertrauen in die Integrität der staatlichen Institutionen wieder hergestellt werden, wenn die untersuchenden Parlamentarier selbst nur zu parteipolitisch motivierten Feststellungen und Wertungen der ermittelten Tatsachen in der Lage waren. Die Berichtsabfassung erfolgt daher in einem sehr sorgfältigen Verfahren, das entsprechend den Gesetzgebungsverfahren in drei Stadien abläuft:[82]

Zunächst werden die allgemeinen Fragen behandelt, dann folgen die paragraphenweise Beratung des vorgelegten Entwurfs sowie die Erörterung möglicher Alternativentwürfe. In dieser zweiten Beratungsphase hat der von der Mehrheitsfeststellung abweichende Abgeordnete die Möglichkeit, seine Ansichten gesondert vorzutragen. Nach der Einarbeitung der dazu gewonnenen Erkenntnisse wird der darum erweiterte vorläufige Abschlußbericht erneut im ganzen durch die Ausschußmitglieder beraten. Sodann erfolgt die endgültige Abstimmung. Sollte die Minderheit trotz dieser aufwendigen Prozedur immer noch auf einem gesonderten Minderheitenbericht beharren, was selten ist, hat sie die Möglichkeit, dies in der Form des „Minority Report“ tatsächlich auch zu tun.

Die Ausschüsse haben die Befugnis, alle Berichte dem House of Commons vorzulegen.[83] Das Haus entscheidet dann über ihr weiteres Schicksal.[84]

---

[78] T. E. May, S. 702.

[79] Ebda., S. 712.

[80] Ebda., S. 713; der letzte aufsehenerregende Minderheiten-Bericht wurde 1985 anläßlich der Untersuchung der Umstände, die zur Versenkung des argentinischen Kriegsschiffes „General Belgrano“ während des Falkland-Krieges führten, von den vier Labour-Mitgliedern des Select Committee on Foreign Affairs dem House of Commons vorgelegt (1984-85) HC. 75. Vgl. dazu auch: The Times, 23.7.1985, S. 5.

[81] Vgl. oben § 8.

[82] T. E. May, S. 709-12.

[83] Standing Order No. 115. Das schließt auch sog. Special Reports ein. Spezielle Berichte werden bei Verfahrenshindernissen angefertigt, etwa wenn ein Zeuge vor dem

§ 21 Die Befugnisse

Die Befugnisse der Departmental Select Committees sind in No. 130 (5) der Standing Orders ausdrücklich niedergelegt. Danach stehen ihnen insbesondere die klassischen Untersuchungskompetenzen des Zeugen- und Urkundenbeweises zu. In No. 130 (5) der Standing Orders ist dies mit der Formulierung „to send for persons, papers and records" umschrieben. Die Untersuchungsbefugnisse sind keine originären Kompetenzen der Ausschüsse. Das House of Commons hat sie lediglich delegiert. „A Select Committee may only exercise its delegated powers within the area which the House has defined."[85] Es kann jederzeit im Plenum von ihnen Gebrauch machen und theoretisch sogar sich selbst als Untersuchungsausschuß einsetzen. Im Gegensatz hierzu ist das deutsche parlamentarische Untersuchungsrecht als ein Ausschußrecht konzipiert. Mit Art. 44 GG ist zugleich auch statuiert, daß der Bundestag das Untersuchungsrecht nur durch einen Untersuchungsausschuß ausüben kann. Im Ergebnis bedeutet dies, daß der Untersuchungsausschuß des Bundestages mehr Befugnisse hat als das ihn einsetzende Plenum.[86]

Sechs Untersuchungsausschüsse, deren Aufgabengebiet in besonders hohem Maß die Kontrolle der verstaatlichten Industrien ist, haben gem. Standing Order No. 130 (4) die Befugnis, je einen Unterausschuß („Sub-Committee") einzusetzen.

Nach Standing Order Nr. 130 (5b) können die Departmental Select Committees jederzeit Sachverständige („specialist advisers") zu der Sachverhaltsermittlung heranziehen.

Mittels der Befugnis „to send for persons and papers" kann der Ausschuß jeden Privatmann zum Erscheinen, zur Aussage und Vorlage von Urkundenbeweisen vor dem Ausschuß förmlich verpflichten. Dies geschieht mittels einer sog. „order".[87]

Ausschuß nicht erscheint oder eine Antwort verweigert. Es ist auch gegenwärtige Praxis, mittels spezieller Berichte auf die Regierungsantwort (Government Response) zu reagieren. Vgl. dazu T. E. May, S. 715.

[84] In der Regel gibt das Haus die „order", daß die Berichte durch „Her Majesty's Stationery Office" (HMSO) veröffentlicht werden. Sie erscheinen dann in der täglichen Veröffentlichungsliste des „Stationery Office" und sind für jedermann erhältlich. Im Zeitraum von 1979 bis 1985 sind insgesamt 275 Berichte angefertigt worden. Aus Zeitgründen war das Haus nicht in der Lage, alle Berichte in der öffentlichen Debatte zu behandeln. Nur 19 Berichte wurden im House of Commons auch tatsächlich debattiert. Die wichtigsten Debatten betrafen: „The Future Defence on the Falkland Islands" (1982-83), H. C. 154; „Unions in G. C. H. Q. (1983-84), H. C. 128; „The Special Branch of the Police Force (1984-85), H. C. 71, „Westland; plc.: The Government's Decision-Making" (1985-86), H. C. 519.

[85] Report from the Select Committee on Procedure (1977-78), S. 16.

[86] Vgl. dazu oben § 2.

[87] T. E. May, S. 697.

Die Ausschüsse haben auch die Kompetenz, die Zeugen zu vereidigen. Nach Standing Order No. 114 ist der Eid vor dem Vorsitzenden oder dem Clerk abzulegen. Eidliche Falschaussage ist als „breach of privilege" und uneidliche Falschaussage als „contempt" strafbar.[88] Die Strafbefugnis liegt auch in diesem Fall nur beim Haus selbst.[89]

Darüber hinausgehende Beweissicherungsrechte, wie sie in der Form der Untersuchungs- und Beschlagnahmerechte den Untersuchungsausschüssen des Deutschen Bundestages zustehen, haben die Departmental Select Committees nicht.[90]

Die Möglichkeit, die Beweise von Privaten förmlich zu erzwingen, unterscheidet die Departmental Select Committees von den Fachausschüssen des Deutschen Bundestages.[91] In der Praxis bedienen sich die Ausschüsse dieses förmlichen Verfahrens allerdings nicht.[92] Die Autorität der formlosen Bitte („request") hat bislang immer ausgereicht, von den Privaten den erbetenen Beweis zu erhalten. Der informale Gebrauch der Beweiserhebungsrechte ist ein wesentliches Charakteristikum des parlamentarischen Untersuchungsverfahrens. Dahinter steht die Überzeugung, daß das Beharren auf förmlichen Rechtspositionen nur in den Extremfällen geboten ist, in denen ein effektives Verfahren in anderer Weise nicht mehr durchzuführen ist. Denn „this informality may obscure the difficulties which may arise in the exercise of formal powers".[93]

Das parlamentarische Verfahren soll frei sein für die wirklich politische Arbeit des Hauses. Dessen Autorität ist die Grundlage des Erfolges. Jeder Zeuge, der einer informalen Aufforderung seitens eines Ausschusses nicht nachkommt, weiß, daß er natürlich jederzeit auch förmlich geladen werden kann. Er kennt darüber hinaus die potentiellen Folgen der Weigerung auf eine „order". Die Mißachtung eines solchen parlamentarischen Befehls gilt nämlich als Behinderung der Arbeit des House of Commons und kann durch die originäre Strafgewalt des House of Commons als „contempt" bzw. „breach of privilege" bestraft werden. Die Bedeutung dieser Sanktion liegt nun aber gerade in ihrer präventiven Wirkung. Es ist das Bewußtsein um die Möglichkeit ihrer Verhängung, mit dem das Parlament agiert. Dieses Bewußtsein wird umso mehr verinnerlicht, als das theoretisch „so" machtvolle Parlament dem einzelnen

---

[88] Ebda.

[89] Ebda.

[90] Schon seit alters her sind die englischen Untersuchungsausschüsse auf die Beweiserhebungsrechte im engeren Sinne beschränkt. Vgl. hierzu: L. Bekermann, Die wichtigsten Mittel der parlamentarischen Kontrolle im Deutschen Reich, England und Frankreich, Leipzig 1910, S. 51.

[91] Den Fachausschüssen stehen außer Art. 43 GG nur geschäftsordnungsrechtlich gewährte Befugnisse zu, die keine Außenwirkung entfalten.

[92] T. E. May, S. 697; G. Drewry, The New Select Committees, S. 57ff.

[93] Report from the Select Committee on Procedure (197778), Anhang S. 16.

zunächst als der „höfliche" und „zahme", keineswegs aber „fordernde", statt dessen „bittende" Partner gegenübertritt. Der bisherige Erfolg dieser Verfahrensweise spricht für sich. Die Informalität ist geradezu das Markenzeichen, das auch am Beweiserhebungsverfahren selbst seinen maßgeblichen Anteil hat.[94] Die wirkungsvolle Waffe der Informalität liegt darin, daß sich ihr der noch so beflissene und gerissene Zeuge nicht durch das Wissen um „seine" Rechte entziehen kann. Hier schützt kein rechtliches Regelwerk vor Enttarnung. Das informale Verfahren kann selbst dort noch aufdecken, wo die formalen Verfahren ihre Grenzen finden. Denn im Gegensatz zur Form ist die Informalität geradezu grenzenlos und von daher immun gegen den Übelgesinnten, der das Regelwerk der Form erlernt, um letztlich willkürlich über sie zu herrschen.

Die Regierungsmitglieder sind aufgrund der Konvention der Regierungsverantwortlichkeit (responsibility of government) verpflichtet, den Ausschüssen Beweis zu erbringen.[95] Durch die Möglichkeit, mittels der Vertrauensfrage (vote of censure) nicht nur die Regierung als ganze, sondern auch einen einzelnen Minister zu stürzen, stehen die einzelnen Regierungsmitglieder in einer besonderen Pflicht auch den Untersuchungsausschüssen gegenüber.[96] Die Ministerverantwortlichkeit (individual responsibility) läßt dauerhafte Kooperationsverweigerung nicht zu. Seit der Einführung der neuen Untersuchungsausschüsse erscheinen die Minister regelmäßig aufgrund einer formlosen Bitte (request) vor den Ausschüssen.[97] Auch Regierungsakten werden ohne den Gebrauch förmlicher Anforderungen den Ausschüssen zur Verfügung gestellt.[98] Die Pflicht, Zeugen- und Urkundenbeweise vor den Untersuchungsausschüssen zu erbringen, wird seitens der Regierung nicht in Frage gestellt. Ähnlich wie im deutschen parlamentarischen Untersuchungsrecht ist diesbezüglich lediglich der Umfang dieser Verpflichtung umstritten. Der Grenzbestimmung parlamentarischer Untersuchungsrechte soll im Folgenden nachgegangen werden.

§ 22 Von den Grenzen der parlamentarischen Untersuchungsrechte gegenüber der Exekutive

Formell sind die parlamentarischen Untersuchungsrechte unbegrenzt. Die klassische, noch heute gültige Umschreibung dieser Rechtsposition lautet: „ In the unlimited character of the claim for information, which may in principle be made in any time, there is a fundamental parliamentary right of the highest importance; it is a right which both constitutionally and practically is a condition precedent to all efficient parliamentary government."[99] Theoretisch

[94] G. Drewry, The New Select Committees, S. 26ff.; D. Englefield, Commons Select Committees, S. 20ff.

[95] C. F. Padfield u. A. Byrne, S. 79f.; O. H. Phillips u. P. Jackson, S. 231f.

[96] R. Klemmt, Die Verantwortlichkeit der Minister in Großbritannien, S. 379ff.

[97] C. F. Padfield u. A. Byrne, S. 81.

[98] Ebda.

hat damit die Exekutive keine Möglichkeit, Informationen über Dienstgeheimnisse sowie Regierungsinterna zu verweigern. Es gilt förmlich nicht, was nach dem Crown Privilege[100] vor den Gerichten Beachtung findet: „Secrets of State, state papers, confidential official documents and communications between Government and its officers are privileged from disclosure".[101]

Doch auch im Verhältnis zur Exekutive handeln das Parlament und seine Organe tatsächlich nicht unbegrenzt. Denn die theoretische Unterordnung der Exekutive gegenüber dem Parlament ist durch zwei Besonderheiten gekennzeichnet, die ein absolutes Übergewicht des Parlaments faktisch auch im Untersuchungsverfahren nicht zulassen.

Zum einen ist es die Tatsache, daß die englische Exekutive die Krone selbst ist und offiziell auch als „Her Majesty's Government" bezeichnet wird. Zwischen der Krone und dem Parlament besteht eine formale Beziehung aus historischem Respekt auf feudaler Grundlage. In dieser Beziehung ist es kaum passend, der Krone zu befehlen (to order).[102] Im Untersuchungsverfahren wirkt sich dieses monarchische Element mäßigend bei dem Herausgabeverlangen von Regierungsakten aus. Werden Regierungsakten von einem Ministerium angefordert, an dessen Spitze ein Secretary of State steht, so muß das House of Commons dies mittels einer „Humble Address to the Queen" begehren.[103] Da aber die meisten Ministerien (15 von 22) heute von einem Secretary of State angeführt werden, sind allein aus diesem Grunde die formalen Untersuchungsrechte gegenüber der Exekutive begrenzt.[104]

Zum anderen herrscht zwischen Parlament und der Regierung die Basiskonvention der Selbstbeschränkung. Danach übt keine staatliche Institution in England ihre Kompetenzen bis zu den Grenzen aus: „Any listing of conventional rules in the United Kingdom would have to include the most basic rule of governmental system, namely the rule that the legally unlimited power of the legislature is not used to its limit, but is exercised in accordance with broad principles described in such terms as constitutionalism, the rule of law and toleration of minority rights".[105]

---

99 J. Redlich — C. Ilbert, Procedure of the House of Commons, Bd. II, London 1908, S. 40.

100 Vgl. dazu obige Ausführungen in § 12.

101 Halsbury's Statutes of England and Wales, Bd. 13, S. 573.

102 G. Marshall, Constitutional Conventions, Oxford 1986, S. 72.

103 Die Adresse ist die untertänige Willensäußerung der Kammer an den Monarchen. Vgl. hierzu T. E. May, S. 698.

104 Die informale Nachfrage (request) an einen Secretary of State bleibt natürlich unbenommen. In der Praxis hat es bisher auch keinen grundsätzlichen Unterschied in der Bereitschaft eines Secretary of State und eines Ministers gegeben, solchen informalen Nachfragen nachzukommen. Vgl. hierzu: Report from the Select Committee on Procedure (1977-78), Anhang S. 23.

105 G. Marshall, Constitutional Conventions, S. 201.

Dieser angesichts der Parlamentssouveränität oft verkannte Grundsatz der Selbstbeschränkung ist tatsächlich der Ausgangspunkt der englischen Gewaltenteilung.[106]

Der Grundsatz der Selbstbeschränkung führte zur Entwicklung des parlamentarischen Regierungssystems mit der typischen Eigenständigkeit beider Teile (Regierung und Parlament). Die traditionale Regierungsverantwortlichkeit gegenüber der Krone wandelte sich unter Einschluß aller historischen Zufälligkeiten kontinuierlich in eine Verantwortlichkeit gegenüber dem Parlament. Zu keiner Zeit aber zeigte sich die Regierung als bloßer Parlamentsausschuß. Eingebettet in Konventionen, behielt sie ihre Eigenständigkeit, ohne ihrerseits zu jenem politisch souveränen Gremium zu entarten, das die Krone für sich noch in der Stuart-Epoche beanspruchte. Zum Bindeglied zwischen Parlament und Regierung wuchs das parlamentarische Regierungssystem. Regierungsverantwortlichkeit (responsible government) und Regierungseigenständigkeit stehen in einem Verhältnis, wie es für das parlamentarische Regierungssystem der Bundesrepublik Deutschland formell in Artikel 43 GG zum Ausdruck gebracht ist.

Über die Konvention der parlamentarischen Selbstbeschränkung finden die gerichtlichen Verweigerungsgründe zwar keine unmittelbare Anwendung im parlamentarischen Kontrollverfahren. Die Präjudizien zum Crown Privilege werden keineswegs ausdrücklich als verbindliche Einwände gegen das Informationsbeharren des Parlaments anerkannt. Doch im parteipolitischen Kräftespiel werden sie immer wieder vorgetragen, und finden so von Fall zu Fall Eingang und Berücksichtigung auch im parlamentarischen Untersuchungsverfahren.[107]

---

[106] Die Parlamentssouveränität wird teilweise mißverstanden, was leider immer wieder zu einer Fehldeutung über die Existenz der Gewaltenteilung in England führt. Ausgangspunkt für das Verständnis der Parlamentssouveränität ist das Verhältnis zwischen den ordentlichen Gerichten und dem Parlament. Die englischen Gerichte hatten und haben durch ihre restriktive Interpretation der Parlamentsgesetze eine derartig eigenständige Rechtsetzungskompetenz, daß dies in England selbst immer wieder zu offener Kritik führt (vgl. J. Bell, Policy Arguments in Judicial Decisions, Oxford 1985). Die Weigerung der englischen Richter, sich zum bloßen „Büttel" des Gesetzgebers machen zu lassen, bildet einerseits die Grundlage zu der einzigartigen Unabhängigkeit ihres Berufsstandes. Sie ruft andererseits aber auch den Vorwurf hervor, die reformerische Rechtsetzung des demokratischen Gesetzgebers zu sabotieren. Der Sicherstellung eines Gleichgewichtes zwischen beiden Gewalten in diesem Konflikt dient die von Dicey entwickelte Lehre der Parlamentssouveränität. „Souveränität" ist dabei nicht im politischen Sinne von willkürlicher Herrschaft, sondern ausschließlich im „legal sense" zu verstehen. Das bedeutet, daß das Parlament, wenn es schon keinen bestimmenden Einfluß auf die richterliche Gewalt hat, aus demokratischen Gründen durch Gesetze alles regeln kann, was es für regelungsbedürftig hält. Das Parlament soll „zumindest" so souverän sein, daß die Gerichte den Wortlaut der Gesetze beachten müssen und ihnen auch kein Normenkontrollverfahren zum Zwecke der Aufhebung von Parlamentsgesetzen zur Seite steht. Vgl. zur Vereinbarkeit von Parlamentssouveränität und Gewaltenteilung auch: T. Langheid, Souveränität und Verfassungsstaat — The Sovereignty of Parliament, Diss. Köln 1984.

[107] G. Marshall, Constitutional Conventions, S. 72f.

Die Notwendigkeit der Berücksichtigung vorgetragener exekutiver Einwände ergibt sich auch aus dem Official Secrets Act.[108] Vergleichbar § 353b StGB stellen ihre Bestimmungen auch die mißbräuchliche Veröffentlichung geheimer Informationen einschließlich der Regierungsinterna durch das Parlament bzw. dessen Organe unter Strafe.

Aber das Parlament strikt bindende exekutive Verweigerungsrechte existieren bis heute nicht. Die von der Regierung erlassenen formalen Richtlinien verpflichten nur die Minister und Beamten. Von Bedeutung sind sie aber dennoch, da sie in der praktischen Arbeit nicht ohne weiteres vom Parlament ignoriert werden können. Denn das würde auf eine Konfrontation mit der Regierung hinauslaufen, die unter den Bedingungen des parlamentarischen Regierungssystems im Falle einer gewissen Dauerhaftigkeit die gesamte Staatsordnung in Frage stellte und sich in England schon wegen dieser Abträglichkeit nicht einstellt. So werden die schriftlichen Mitteilungen des ehemaligen Leader of the House, Richard Crossmann[109] sowie das „Memorandum of Guidance for Officials"[110] als Richtschnur grundsätzlich vom Parlament und dessen Untersuchungsausschüssen anerkannt. Zusammengefaßt enthalten beide Dokumente fünf allgemein formulierte Verweigerungseinwände:

a) Matters of national security (Nationale Sicherheitsangelegenheiten),
b) Information relating to the private affairs of individuals or individual bodies, where the information had been given on a confidential basis (Informationen von Privaten oder privaten Organisationen, die auf vertraulicher Basis gegeben worden sind),
c) Specific cases where the Ministers have a quasi-judicial or appelate function (Angelegenheiten, in denen die Minister eine quasi-judizielle Funktion ausüben),
d) Matters which are the subject of sensitive negotiation with Governments or other bodies (Angelegenheiten, die Gegenstand prekärer Verhandlungen mit auswärtigen Regierungen oder anderen Körperschaften sind),
e) The details of such legislative proposals as have not yet been divulged to the House (Details über Gesetzentwürfe, die noch nicht dem Haus zur Beratung vorgelegt worden sind).

Ein sechster Einwand gegen das Informationsbegehren des Parlaments betrifft den „Decision-Making-Process"[111] der Regierung. Dieser Verweige-

---

[108] Official Secrets Act (1911) 1 & 2 Geo. 5, c. 28; Official Secrets Act (1939) 2 & 3 Geo. 6, c. 121.

[109] abgedruckt in Report from the Select Committee on Procedure (1977-78), Anhang S. 29.

[110] General Notice 76/78 v. 27. Sept. 1976 abgedruckt in: Report from the Select Committee on Procedure (1977-78), Anhang S. 38 ff.; geänderte Fassung abgedruckt in: Minutes of Evidence taken before the Treasury and Civil Service Sub-Committee (1985-86), HC. 92-I, S. 1 ff.

[111] Report from the Select Committee on Procedure (1977-78), Anhang S. 25.

rungseinwand bezieht sich auf die Inhalte und Abstimmungen in den Sitzungen des Kabinetts sowie seiner Ausschüsse, die Korrespondenz zwischen den einzelnen Ressortministern und die Ratschläge der Beamten. Vergleichbar der Kernbereichsidee im deutschen Verfassungsrecht stützt sich die Regierung in England auf einen der parlamentarischen Kontrolle unzugänglichen Geheimhaltungsbereich.[112] Dieser Einwand der Entscheidungsvorbereitung wird aber, wie die anderen vorgenannten Verweigerungseinwände, seitens des Parlaments nicht strikt anerkannt. Auch der Bereich der Entscheidungsvorbereitung wird entsprechend den Bedingungen des Einzelfalles flexibel gehandhabt. Eine Untersuchung in diesen Bereich ist weder von vornherein kategorisch ausgeschlossen noch unterliegen die parlamentarischen Informationsrechte von vornherein einer rigiden Begrenzung.[113] Kommt es zu Untersuchungen und Informationserhebungen in den genannten Bereichen, so wird die Grenze der zulässigen Beweiserhebung pragmatisch auf der Grundlage einer rein politischen Lösung für den Einzelfall ermittelt. Eine genaue Grenzfixierung ist generell nicht möglich.

Hinsichtlich der Vernehmung von Ministern gilt folgende Besonderheit. Sie können von den Untersuchungsausschüssen nicht förmlich geladen werden. Die förmliche Ladung kann nur mittels „order" des Parlamentshauses ergehen, dem die Minister angehören.[114] Mitglieder des jeweils anderen Hauses können nur in Form der „message" zum Erscheinen vor den parlamentarischen Untersuchungsausschüssen gebeten werden. Sie sind aber nicht verpflichtet, diese „Botschaft" zu befolgen.[115]

Im formalen Sinne ist damit keine Änderung der Situation mit der Einführung des neuen Departmental Select Committee-Systems eingetreten. Der Vorschlag des Select Committee on Procedure, wonach die Ausschüsse selbst berechtigt sein sollten, die Minister förmlich zu laden,[116] wurde von der Parlamentsmehrheit nicht aufgegriffen. Dennoch blieb der Vorschlag nicht gänzlich unberücksichtigt. Die Regierung bekräftigte seit Einführung des Departmental Select Committee mehrmals die Zusicherung, „alles in ihrer Macht Stehende zu tun, mit dem neuen Untersuchungsausschußsystem zu kooperieren und es erfolgreich zu machen".[117] Tatsächlich sind die Minister grundsätzlich der bloßen

[112] Vgl. obige Ausführungen in § 5.

[113] Vgl. dazu Darstellung der Westland-Affäre unten in §§ 25-30.

[114] T. E. May, S. 697; alle Minister der Regierung müssen entweder Abgeordnete des House of Commons oder Peers im House of Lords sein. Die Regierung in England ist im striktesten Sinne „parlamentarisch".

[115] Vgl. Standing Order No. 120: „Any Member requested by a Committee appointed by the Lords to attend as a witness before it ... shall have the leave of this House so to attend, if the Member think fit."

[116] Report from the Select Committee on Procedure (1977-78), S. XCV.

[117] Letztmalig in der Regierungsantwort (Government Response) auf den First Report from the Treasury and Civil Service Committee (1986-87) und den First Report from the

„Bitte" (request) der Parlamentsausschüsse nachgekommen und sind vor den Ausschüssen erschienen. In den Fällen, in denen Minister nicht erschienen sind, berief sich die Regierung ihrerseits auf feststehende Konventionen. Die Ausschüsse haben in keinem dieser Fälle im Haus einen entsprechenden Ladungsbeschluß beantragt.[118]

Kraft Konvention verantwortet sich der Premierminister nur dem House of Commons gegenüber.[119] Er steht den Untersuchungsausschüssen nicht Rede und Antwort. Inhaltlich dient diese Konvention der Stärkung der Autorität des Premierministers.

Aufgrund einer Konvention sind auch die Law Officers nicht verpflichtet, sich vor den Untersuchungsausschüssen zu verantworten. Sie sind zwar Minister und insofern auch von dem parlamentarischen Vertrauen in die Regierung abhängig. Aber als Rechtsberater der Regierung sowie wegen ihrer quasijudiziellen Funktionen genießen sie gewisse Privilegien, die sie davon befreien, sowohl vor dem Haus als auch vor seinen Ausschüssen ihre Tätigkeiten offenzulegen.[120]

Beamte bedürfen in jedem Falle einer Genehmigung der Regierung, bevor sie vor einem Ausschuß erscheinen.[121] Der Grund hierfür liegt in dem Grundsatz der Anonymität des englischen Beamtentums.[122] Beamte handeln nicht als Person, sondern als Kronbedienstete. Ihr Handeln ist das Handeln der Krone und in ihrer Vertretung das der Regierung. Nur die Regierung zeichnet mit ihrem Namen und trägt die parlamentarische Verantwortung für ihre Handlungen. Die Beamten selbst sind nur der Regierung gegenüber verantwortlich. Im Verhältnis zu anderen staatlichen Institutionen gelten sie als „Unperson". Die Beamten sollen aus diesem Grunde auch nicht namentlich im Außenverhältnis genannt werden. Für die parlamentarische Kontrolle gilt dementsprechend, daß sie nur als Vertreter ihrer Minister auftreten können. Dann aber hat der vertretene Minister das Recht, selbst zu entscheiden, ob der geladene Beamte auch tatsächlich erscheinen muß. Die Genehmigung der Regierung muß seitens der Untersuchungsausschüsse nicht ausdrücklich eingeholt werden. Sie gilt als implizit erklärt, solange die Regierung dem Beamten das Erscheinen nicht verbietet.[123]

Eine weitere Besonderheit besteht hinsichtlich des „conduct" der Beamten. „Conduct" bezeichnet die persönliche Führung der Amtsgeschäfte. Es umfaßt

---

Liaison Committee (1986-87), Cm. 78, S. 3: „.... to do all in our power to cooperate with the new system of Committees and to make it a success."

[118] T. E. May, S. 697f.

[119] C. F. Padfield u. A. Byrne, S. 80.

[120] G. Marshall, Constitutional Conventions, S. 74ff.

[121] C. F. Padfield u. A. Byrne, S. 81.

[122] Vgl. hierzu R. Klemmt, S. 386ff.

[123] Report from the Treasury and Civil Service Committee (1986-87), HC. 62, S. VI.

das persönliche Verhalten und Benehmen sowie all diejenigen individuellen Charakterzüge des Beamten, die Einfluß nehmen auf die Ausführung der Diensthandlungen.[124] „Conduct“ ist letztlich das außerdienstliche Verhalten im Dienst; der persönliche Amtsführungsstil eines Beamten.

Davon abzugrenzen ist die „action“, die sog. offizielle Diensthandlung, die im Einklang mit der Instruktion eines Ministers oder der Regierungspolitik steht. „Action“ umschreibt den amtlichen Tätigkeitsbereich, der den Beamten zum Vollzugsorgan und verlängerten Arm der politisch verantwortlichen Minister macht.[125] Während unbestritten die Beamten dem Parlament Auskunft über ihre „actions“ zu geben haben und in diesem Bereich auch seitens der Regierung keinerlei Einspruchsrecht beansprucht wird, besteht über die Offenlegung des „conduct“ eine andauernde Kontroverse zwischen der Regierung und dem Parlament.

Die Regierung beansprucht für sich ein absolutes Verweigerungsrecht, soweit der Beamte nach seinem persönlichen „conduct“ gefragt wird.[126] Sie begründet ihren Standpunkt mit der Anonymität des Berufsbeamtentums, wonach die Person des Amtsinhabers nicht in der Öffentlichkeit erscheinen soll. Der Beamte sei zur vertraulichen Behandlung seiner Amtsgeschäfte verpflichtet und könne sein persönliches Verhalten im Rahmen einer öffentlichen Untersuchung nicht in angemessener Weise verteidigen. Auch bestehe das Risiko, daß die parlamentarische Untersuchung über das „conduct“ von politischen Überlegungen begleitet sei. Schließlich biete eine öffentlich geführte Untersuchung dem Beamten keine ausreichende Sicherheit. Im Interesse des Beamten könne das nicht hingenommen werden. Denn es stünden ja entscheidend seine Reputation und Karriere auf dem Spiel.[127]

Auch nach Ansicht des Parlaments sollte die Reputation der Beamten nicht unnötig riskiert werden. Insofern räumt das Parlament Umstände ein, unter denen es trotz der vorhandenen Schutzvorkehrungen schwierig sei, absolute Fairneß zu garantieren, und unter denen der Beamte zum Opfer einer parlamentarischen Untersuchung werden könne.[128] Nichtsdestoweniger gebe es aber Fälle, die des öffentlichen Interesses wegen auch vor einer Untersuchung des persönlichen „conduct“ nicht Halt machen könnten. Dies sei der Fall, wenn im Verlaufe einer Untersuchung prima facie erwiesen sei, daß das Verhalten des Beamten schwerwiegende Nachteile für das öffentliche Wohl nach sich ziehe.[129]

---

[124] Ebda., S. V.

[125] Report from the Treasury and Civil Service Committee, S. IV.

[126] Government Response to the Third and Fourth Report from the Defence Committee (1985-86), HC. 518 u. 519, Cmnd. 9916, S. 8ff.

[127] Ebda., S. 10.

[128] Report from the Liaison Committee (1986-87), HC. 100 S. V.

[129] Report from the Treasury and Civil Service Committee (1986-87), HC 62, S. VII.

Wie sollte aus einer solchen Situation parteipolitisches Kapital geschlagen werden? Denn der betreffende Beamte habe ja gerade nicht in seiner offiziellen Tätigkeit, also in Durchführung einer ministeriellen Anweisung oder der allgemeinen Regierungspolitik gehandelt. Es sei denn, der verantwortliche Minister habe es vorwerfbar unterlassen, dieses Fehlverhalten seines Beamten zu verhindern. Sogar unter diesen Umständen würde die Kritik sich ausschließlich gegen die Fähigkeit der Amtsführung des Ministers, nicht aber gegen die Politik der Partei richten.[130]

In evidenten Fällen des persönlichen Fehlverhaltens seitens der Beamten bietet gerade die gegenwärtige Regierungspraxis nach Ansicht des Parlaments keine ausreichende Berücksichtigung des Fairneßgebotes.[131] Denn bestehe einmal ein erheblicher öffentlicher Zweifel an dem persönlichen Verhalten des Beamten, so werde dieser nicht durch Regierungserklärungen auf der Grundlage einer internen, nichtöffentlichen Regierungsuntersuchung zerschlagen. Insbesondere dann, wenn die Regierung verlautbaren lasse, es bestehe kein Bedürfnis für irgendwelche weiteren Disziplinarmaßnahmen, stellten sich notwendigerweise Zweifel ein, die gerade in diesem Falle die Reputation des betroffenen Beamten in Frage stellten. Solange die internen Regierungsuntersuchungen nicht auf der Grundlage geführt würden, daß sie nach Abschluß der Untersuchungen zu veröffentlichen seien, bedeute die parlamentarische Kontrolle in solche Vorgänge eine Positionsstärkung der Beamten. Denn jetzt erhielten sie die Plattform zur öffentlichen Stellungnahme hinsichtlich der genannten Vorwürfe.

Die unterschiedlichen Grundpositionen sind weiterhin aufrechterhalten.[132] Die Regierung hält es nach wie vor nicht für wünschenswert, daß Beamte über ihr „conduct“ im Ausschuß aussagen. Dementsprechend sind Richtlinien an die Beamten ergangen, welche die Trennung zwischen „action“ und „conduct“ klarstellen und bestimmen, daß jede Frage hinsichtlich individueller vorwerfbarer Kritik oder Schuld nicht durch die Beamten selbst zu beantworten sei.[133] Für die Bewältigung der praktischen Kontrolltätigkeit des Parlaments ist aber zunächst ein Kompromiß erzielt worden. Die Regierung hat sich bereit erklärt, anstelle des betroffenen Beamten den verantwortlichen Minister oder eine andere Person ihres Vertrauens zur Offenlegung der kritisierten Verhaltensweise zu benennen.[134] Das Parlament hat in der Vergangenheit von diesem Regierungsangebot Gebrauch gemacht; andererseits aber unmißverständlich klargestellt, daß es sich mit der Zurverfügungstellung des „hearsay“-Beweises auf Dauer nicht zufrieden gibt.[135]

---

130 Ebda.

131 Report from the Liaison Committee (1986-87), HC 100, S,. VI.

132 C. F. Padfield u. A. Byrne, S. 81.

133 Government and Parliament Reviews, hrsg. von HMSO, London 1987, S. 3ff.

134 Vgl. dazu nachfolgende Darstellung der Westland-Affäre in § 28.

§ 23 Die Grenzen gegenüber Privaten

Formell stehen auch den Privaten keinerlei Informationsverweigerungsrechte zur Seite.[136] Private können sich nicht darauf berufen, daß sie mit der Preisgabe der gewünschten Information sich selbst inkriminieren. Auch Angehörige sowie Berufsgeheimnisträger sind zur vollständigen Offenlegung verpflichtet. Rechtlich geschützte Verschwiegenheitspflichten, wie etwa die der Ärzte oder auch Rechtsanwälte, sind vor dem Parlament aufgehoben.

In der parlamentarischen Praxis erheben die Privaten immer wieder die oben genannten gerichtlichen Einwände (objections). Aber ein Zeuge kann sich in einem solchen Fall nur bittend an den Ausschuß wenden. Die Berücksichtigung der genannten Einwände liegt ausschließlich im Ermessen des Ausschusses. Sollte er zu der Überzeugung gelangen, daß der vorgebrachte Einwand nicht ausreichend ist, wird die Beweisaufnahme fortgesetzt und der Zeuge ist verpflichtet, vor dem Ausschuß auszusagen.[137]

Im Ergebnis stehen die formell unbegrenzten Beweiserhebungsrechte des Parlaments damit völlig konträr zu den Schutzrechten der Zeugen vor englischen Gerichten. Gerade die Ausformung der Zeugnisverweigerungsrechte im Law of Evidence ist eine der großen Leistungen der englischen Gerichtsbarkeit.[138] Daß sich beide Gewalten in der formalen Bindung an individuelle Rechte soweit auseinanderentwickeln konnten, liegt an der englischen Gewaltenteilung. Um sich die Unabhängigkeit sowohl gegenüber der Krone als auch gegenüber den Gerichten zu sichern, beharrte das englische Parlament seit dem 17. Jahrhundert konstant auf der Kompetenz, seine inneren Angelegenheiten (internal matters) selbständig zu regeln. Bereits *Coke* wies auf diese besondere Befugnis hin: „As every court of justice has laws and customs for its direction ... so the Parliament has its own laws and customs. It is ‚law and customs of Parliament' that all weightly matters in any Parliament moved concerning the peers of the realm, or commons in Parliament assembled, ought to be determined, adjudged and discussed by the courts of Parliament, and not by the civil law, nor yet by the common laws of this realm".[139]

„Internal matters" ist hierbei eine Umschreibung aller Angelegenheiten der parlamentarischen Aufgabenerfüllung. Sie reichen von der Gesetzgebung bis hin zur parlamentarischen Kontrolltätigkeit.[140]

---

[135] Report from the Treasury and Civil Service Committee (1986-87), HC 62, S. VII; Report from the Liaison Committee (1986-87), HC 100, S. IV f.

[136] T. E. May, S. 696f.

[137] Report from the Select Committe of Procedure (1977-78), Anhang S. 20; T. E. May, S. 697.

[138] G. Radbruch, Der Geist des Englischen Rechts, S. 15.

[139] Lex Parlamenti, 4. Institution, S. 15.

[140] T. E. May, S. 204.

Darüber hinaus hat aber das Parlament nicht nur die Befugnis, diese Angelegenheiten selbständig zu regeln, sondern auch die Kompetenz, gegen jeden einzuschreiten, der die parlamentarische Aufgabenbewältigung behindert. Zur Gewährleistung seiner Aufgabenerfüllung verfügt das Parlament über Zwangsbefugnisse gegenüber jedermann. Danach kann es jede Behinderung der parlamentarischen Arbeit als „contempt" oder „breach of privilege" bestrafen.[141] In der Praxis ist es allerdings 1947 das letzte Mal dazu gekommen, daß das Parlament konkret auf diese formale Befugnis hinzuweisen hatte.[142]

Das Parlament und insbesondere dessen Untersuchungsausschüsse haben nach Einführung des neuen Untersuchungssystems seit dem Jahre 1979 keine Probleme gehabt, die erbetenen Informationen von Privaten zu erhalten.[143] Denn so umfangreich die formalen Befugnisse des Parlaments gegenüber Privaten sind, so weitgehend werden die Zeugen aber auch gleichermaßen durch parlamentarische Privilegien geschützt. Am weitestgehenden ist das „privilege in coming, staying and returning"[144]. Danach ist alles, was Zeugen von ihrer Informationspreisgabe abhalten könnte, untersagt und wird vom Parlament als „breach of privilege" sanktioniert. Die Zeugen sind so vor jeder direkten oder indirekten Einwirkung auf ihre Person vor, während oder nach ihrem mündlichen bzw. schriftlichen Beweis geschützt. Drohungen, Beleidigungen und sonstige Schädigungen sind formell unter Strafe gestellt.[145] Darüber hinaus ist das Parlament auch befugt, ihnen wegen ihrer Aussage straf- und zivilrechtliche Immunität zu gewähren.[146] Es ist kein Fall bekannt, in dem die ordentlichen Gerichte diese Immunität in Frage gestellt hätten.

Einen generellen Sonderstatus für „Betroffene" kennt das englische Untersuchungsverfahren nicht. Wie im Gerichtsverfahren, so steht dem „Betroffenen" in der parlamentarischen Untersuchung kein dem § 154 StPO entsprechendes Aussageverweigerungsrecht zu. Allerdings ist in Einzelfällen zugelassen worden, daß die von der Untersuchung betroffenen Privaten einen Rechtsbeistand an ihrer Seite hatten: „By leave of the House parties whose conduct forms the subject, or one of the subjects, of an investigation by a Select Committee, or whose rigths and interests, as distinct from those of the general public, are directly affected by a matter which has referred to the consideration of such a committee, are sometimes allowed to be heard ... by counsel before the committee."[147]

---

[141] Ebda., S. 143ff.

[142] Nachzulesen bei T. E. May, S. 698.

[143] Ebda., S. 697; D. Englefield, Commons Select Committees, S. 82ff.

[144] T. E. May, S. 748.

[145] Witnesses Protection Act, 1892 (55 & 56 Vict., c.64). Im Deutschen Recht ist ein derartiger Zeugenschutz unbekannt. Dem Zeugen steht, wie für jede andere von ihm gegebene Äußerung, auch hinsichtlich seiner Aussage vor dem Untersuchungsausschuß nur § 193 StGB zur Seite.

[146] T. E. May, S. 747.

[147] Ebda., S. 699.

Private erscheinen ohne formale Ladung aufgrund einer bloßen parlamentarischen Bitte (request) vor den Untersuchungsausschüssen und geben auch ohne formalen Beschluß die erbetenen Informationen preis. Den Wünschen auf vertrauliche Behandlung gegebener Informationen kommen die parlamentarischen Untersuchungsausschüsse auf mehreren Wegen nach. Den weitaus größten Raum nimmt das Verfahren des sog. „side-lining" ein.[148] Die Zeugen erhalten hiernach die Möglichkeit, die Teile ihrer protokollierten Aussagen zu kennzeichnen, die sie von einer Aufnahme in die Beweisprotokolle auszunehmen wünschen. In der Praxis kommen die Untersuchungsausschüsse diesen in dieser Form geäußerten Wünschen nach. In gleicher Weise verfährt man mit schriftlichen Beweisdokumenten, die die Privaten den Ausschüssen zur Verfügung stellen. Auch werden den betreffenden Privaten auf Wunsch die den Ausschüssen zur Verfügung gestellten schriftlichen Beweisstücke zurückgegeben.[149] Das Vorsitzendenverfahren bietet eine zusätzliche Möglichkeit, den Wünschen nach vertraulicher Behandlung auch bei der Vernehmung von Privaten sowie bei der Einsichtnahme privater Dokumente nachzukommen.[150]

Insgesamt hat sich eine informale Praxis eingestellt, die es dem Parlament und seinen Untersuchungsausschüssen ermöglicht, von Privaten jederzeit und im erbetenen Umfang Informationen zu erhalten. Grundlage dieser informalen Praxis ist die Autorität des Parlaments; eine Autorität, die aus langer Tradition und dem Takt besteht, Diskretion zu wahren.

§ 24 Das Verhältnis zu den ordentlichen Gerichten

Die parlamentarische Kontrolltätigkeit unterliegt ihrerseits keinerlei gerichtlicher Kontrolle, da sie als „internal matter" zu den Parlamentsprivilegien (Parliamentary Privileges) zählt.[151] Soweit Rechte Privater oder Kompetenzen der Exekutive durch die parlamentarische Kontrolle tangiert werden, gibt es keine Möglichkeit, diese Rechts- bzw. Kompetenzbeeinträchtigung durch Gerichte feststellen und ggf. abstellen zu lassen. Hierin besteht einer der wesentlichen Gegensätze zum deutschen Parlamentsrecht.

Es gehört zu den Grundsätzen der englischen Verfassungstradition, daß das Parlament nicht nur über alle in den Bereich seiner Parlamentsprivilegien (Parliamentary Privileges) fallenden Angelegenheiten autonom entscheidet, sondern auch, daß insoweit jedwede gerichtliche Kontrolle ausgeschlossen ist.[152] Lange Zeit über lagen das Parlament und die Gerichte im Streit darüber, wem die letztverbindliche Entscheidung darüber zusteht, ob ein Parlamentsprivileg

[148] Vgl. oben § 20.

[149] D. Englefield, Commons Select Committees, S. 83.

[150] Vgl. oben § 20.

[151] T. E. May, S. 70ff.

[152] H. Wollmann, S. 213ff.

im konkreten Fall überhaupt vorliegt. Sowohl das Parlament als auch die Gerichte nahmen die „Kompetenz-Kompetenz" hinsichtlich der Festlegung von Inhalt und Grenzen der Parlamentsprivilegien für sich in Anspruch. Das Parlament berief sich hierbei auf die Lehre vom „High Court of Parliament", wonach „Law and Customs of Parliament" einen vom „Common Law" zu unterscheidenden Rechtskreis bilden, dessen verbindliche Festlegung nur dem „High Court of Parliament" zustand.[153] Die Gerichte hielten dem entgegen, daß dies ausschließlich nach Common Law zu beurteilen sei und deshalb in ihre Kompetenz falle. Als verfassungspolitisches Argument führten sie an, daß es eine mit der englischen Verfassungstradition nicht zu vereinbarende „despotic power" darstelle, wenn es dem Parlament freistünde, durch einfachen Beschluß (resolution) jedwede Angelegenheit zum Parlamentsprivileg zu erklären und sie somit gerichtlicher Kontrolle zu entziehen. Bereits im frühen 19. Jahrhundert ist diese Auseinandersetzung zum Abschluß gekommen. Seit den beiden großen Rechtsstreitigkeiten — Burdett v. Abbot[154] und Stockdale v. Hansard[155] - gilt es als unbestreitbares Recht der Gerichte, die letztverbindliche Entscheidung darüber zu treffen, ob ein Parlamentsprivileg vorliegt. Ist aber eine Angelegenheit als in den parlamentsinternen Bereich gehörig anerkannt, enthalten sich die ordentlichen Gericht einer Kontrolle dieser Parlamentsmaßnahmen. Für den Bereich der parlamentarischen Untersuchung bedeutet dies, daß in einem solchen Fall weder Ladungs- und Beweisbeschlüsse, Haftbefehle und Verurteilungen noch Streitigkeiten mit der Exekutive einer gerichtlichen Kontrolle unterliegen.

Das Verhältnis der parlamentarischen Kontrolle zur Gerichtsbarkeit ist darüber hinaus durch ein zur deutschen Verfassungslage sehr unterschiedliches Merkmal geprägt. Die Lehre des *sub judice* schließt die Gleichzeitigkeit parlamentarischer Kontrolle und Gerichtsverfahren aus.[156] Mit der Eröffnung des Gerichtsverfahrens bis zur gerichtlichen Entscheidung ist die parlamentarische Behandlung derselben Sache in Debatten, Anträgen, Fragestunden und schließlich auch in Untersuchungsausschüssen untersagt. Bereits begonnene öffentliche Beratungen sind sofort abzubrechen und bis zum Termin der

---

[153] Entsprechend feudalem Gewohnheitsrecht war das Parlament als Nachfolger der Curia Regis ursprünglich noch der Ort, in dem alle Staatsgewalt vereint war. Seit dem 13. Jh. trennten sich kontinuierlich die exekutive und judikative Gewalt, ohne aber dem Parlament förmlich diese Aufgaben zu entziehen. Verfassungsrechtlich sichtbar wurde die Gewaltenteilung endgültig in der Glorreichen Revolution aus dem Jahre 1688. Das Parlament wird aber auch weiterhin noch als das „High Court of Parliament" bezeichnet. Das House of Lords ist nach wie vor — mit Ausnahme Schottischer Strafsachen — zugleich auch das oberste Rechtsmittelgericht des Landes und beide Kammern besitzen die Rechtsprechungsgewalt hinsichtlich ihrer Privilegien. Vgl. zum Ganzen: O. H. Phillips u. P. Jackson, S. 131 ff.

[154] (1812) 14 East 1.

[155] (1839) 9 Ad. & E.1; vgl. zu den Entscheidungen auch K. Löwenstein, S. 283 ff.

[156] H. Gerland, Die Beziehungen zwischen dem Parlament und den Gerichten in England, Berlin 1928, S. 75 ff.; T. E. May, S. 429, 693.

gerichtlichen Entscheidungsverkündung auszusetzen. Dieser Ausschluß gilt für alle Verfahren vor den ordentlichen Gerichten. Der Zweck dieses Grundsatzes besteht darin, eine weitestgehend unvoreingenommene Wahrheitsfindung vor den Gerichten zu ermöglichen. Die Befugnis zur Erklärung des *sub judice* liegt in den beiden Parlamentshäusern beim jeweiligen Speaker und bei den Beratungen in den Untersuchungsausschüssen beim jeweiligen Chairman (Vorsitzenden). Je nach Grad der Gefahr einer Vorverurteilung kann die öffentliche Beratung im Parlament bereits vor der Einleitung des Gerichtsverfahrens untersagt werden.

3. Abschnitt

Die parlamentarische Untersuchung der Westland-Affäre[1]

§ 25 Der Anlaß

Die Westland Gesellschaft (public limited company; in der Rechtsform vergleichbar einer deutschen Aktiengesellschaft) stellt als einziges englisches Unternehmen auch Hubschrauber zu militärischen Zwecken her. Anfang der 80er Jahre geriet die Gesellschaft in erhebliche finanzielle Schwierigkeiten. Im August 1985 konkretisierten sich zwei Möglichkeiten der Kapitalaufstockung:

Zum einen bot sich eine Beteiligung seitens Sikorsky Aircraft, einer Tochtergesellschaft der amerikanischen United Technology Corporation (UTC) an. Alternativ hierzu bestand das Angebot eines europäischen Konsortiums, das aus englischen, französischen, italienischen und deutschen Gesellschaften gebildet wurde.

Ende November 1985 unterstützte der Vorstand der Westland Gesellschaft nachdrücklich die Sikorsky-Option. Zwecks Vorbereitung der endgültigen Entscheidung durch die Hauptversammlung der Gesellschaft forderte er die englische Regierung auf, eine Stellungnahme zu dem einen oder anderen Vorhaben abzugeben.[2]

Im Dezember 1985 faßte das Kabinett einen diesbezüglichen mehrheitlichen Beschluß, worin es keine Bedenken gegen die eine oder andere Option äußerte. Es überließ es der Gesellschaft selbst, zwischen beiden Alternativen zu entscheiden.

---

[1] Fourth Report from the Defence Committee, Westland plc: The Government Decision-Making (1985-86), H. C. 519.

[2] Derartige wirtschaftliche Stellungnahmen der Regierung sind ausdrücklich nicht vorgeschrieben. Doch angesichts der gesetzlichen Möglichkeiten, umfangreiche ausländische Kapitalbeteiligungen nachträglich rückgängig zu machen oder zumindest mit zusätzlichen Auflagen zu versehen, ist es in England üblich, vor der allein entscheidenden Hauptversammlung präventiv verbindliche Stellungnahmen der Regierung einzuholen (Fair Trading Act 1973, Industry Act 1975 und Companies Act 1985).

Gegen diese Haltung opponierte der damalige Verteidigungsminister Michael Heseltine sowohl wegen der Sache als auch wegen der Art und Weise der Entscheidungsfindung öffentlich: Inhaltlich bemängelte er, daß der neutral formulierte Kabinettsbeschluß angesichts der bekannten Präferenz des Vorstandes im Ergebnis gegen das europäische Konsortium gerichtet sei. Die kleinere Westland Gesellschaft geriete langfristig in Abhängigkeit des großen amerikanischen Konzerns und würde schließlich nur noch Aufträge in Lizenz auszuführen haben, was englische Verteidigungsinteressen gefährde. Darüber hinaus kritisierte er die Art und Weise des Zustandekommens des Kabinettsbeschlusses. Unter der Führung der Premierministerin gebe es in den Kabinettssitzungen keine ausreichende Gelegenheit, derartig weitgehende, für das Verteidigungswohl des Landes von grundsätzlicher Bedeutung seiende Beschlüsse im gebotenen Maße zu besprechen.

Am 6. Januar 1986 waren Auszüge einer vertraulichen (confidential)[3] Mitteilung des Solicitor-General an Mr. Heseltine bezüglich einiger Aussagen seiner sachlichen Kritikpunkte in der Tagespresse abgedruckt. Den Auszügen zufolge war Heseltine's Standpunkt unbegründet, und er wurde in den Pressemeldungen auf das Heftigste angegriffen:

„Heseltine told by Law Chief: Stick to the facts“[4] und „You liar!“[5]

Daraufhin fand am 9. Januar 1986 eine Kabinettssitzung statt, die Heseltine jedoch vor deren Beendigung verließ. Gleich darauf hielt er eine Pressekonferenz, auf der er seinen Rücktritt als Verteidigungsminister der Öffentlichkeit bekannt gab. Die Rücktrittserklärung war eine in der englischen Geschichte beispiellose Offenlegung der Führung und Inhalte einer Kabinettssitzung[6] und markierte zum damaligen Zeitpunkt einen Höhepunkt in „the biggest British political scandal for a quarter of a century.“[7]

§ 26 Die Untersuchung in den Kernbereich

Die Finanzkrise der Westland-Gesellschaft warf insbesondere zwei Fragen auf: Die erste lautete, ob und inwieweit die Regierung die Gesellschaft zukünftig unterstützen sollte. Dieser Komplex betraf die Vergabe von Aufträgen, Absicherung ausländischer Geschäfte sowie Erteilung von Subventionen. Die zweite Frage betraf die Auswirkungen der zukünftigen Entwicklung der Westland-Gesellschaft auf die Landesverteidigung.

---

[3] Vgl. zu den Geheimhaltungsstufen oben § 20.

[4] The Times, 7.1.1986, S. 1.

[5] The Sun, 7.1.1986, S. 1.

[6] Vollständig abgedruckter Text in: The Times, 10.1.1986, S. 10.

[7] R. Austin, The Westland Affair — Open Government by Error, in: C. L. P. 1986, S. 269 (276); Der vorherige größte Skandal war die Profumo-Affäre anfangs der 60er Jahre, vgl. hierzu Ausführungen oben in § 14, Fußn. 85.

Beide Fragen waren grundsätzlicher Natur. Sie beschäftigten Regierung und Parlament gleichermaßen seit dem Bekanntwerden der finanziellen Schwierigkeiten der Gesellschaft. So waren bereits vor dem Eintritt der außerordentlichen Ereignisse um die Jahreswende 1985/86 zwei parlamentarische Untersuchungsausschüsse mit dem Westland-Komplex befaßt: Das Trade and Industry Committee untersuchte „the sponsorship role of the Government in relation to Westland“[8], das Defence Committee stellte Ermittlungen über „the defence implications of the future of Westland plc“ an.[9]

Die Umstände des Rücktritts des Verteidigungsministers ließen die parlamentarischen Untersuchungen nicht unberührt. Der Verteidigungsausschuß beschloß am 15.1.1986, seine Untersuchung auf diese Umstände auszudehnen. Gegenstand dieser Erweiterung sollte der „Entscheidungsfindungsprozeß der Regierung“ sein.

„The decision-making process“ ist ein ambivalentes Thema und bedurfte der Konkretisierung. Dazu führte der Ausschuß in seinem Bericht aus, daß er die divergierenden Standpunkte innerhalb der Regierung und die Überzeugung, mit der sie vertreten wurden, aufzeigen wollte. „To put in context the divergent views within the Government“[10] bedeutete auch eine Untersuchung darüber, ob tatsächlich keine Gelegenheit bestand, die Westland-Optionen im Kabinett ausreichend zu besprechen. Damit beabsichtigte der Ausschuß, die Führung und den Verlauf von Kabinettssitzungen zu ermitteln.

„To put in context the conviction with which those views were held“[11] bedeutete darüber hinaus, daß der Ausschuß Geisteshaltungen (attitudes) hinter der Veröffentlichung der vertraulichen Mitteilung des Solicitor-General zu ermitteln beabsichtigte. Auch das bedeutete einen Einstieg in den grundsätzlich unausforschbaren Initiativbereich der Regierung und damit ebenfalls eine Untersuchung in den exekutiven Kernbereich.

Dies war eine außergewöhnliche Situation. Der Ausschuß war sich dessen bewußt und begründete seine Vorgehensweise entsprechend. Zunächst stellte er auf das Vorliegen besonderer nationaler Sicherheitsinteressen ab: „When a Select Committee on Defence has been told unequivocally by the Secretary of State for Defence of the day of the serious damage that he believes a Government policy will do to the defence interests of the United Kingdom; and when that policy is confirmed and the Secretary of State resigns, *it would be inconceivable that the Committee concerned should not seek to discover how and why that decision was taken*“[12].

---

[8] First Report from the Trade and Industry Committee (1985-86), H. C. 193.

[9] Third Report from the Defence Committee (1985-86), H. C. 519.

[10] Fourth Report from the Defence Committee (1985-86), H. C. 518, Rdnr. 12.

[11] Ebda., Rdnr. 11.

[12] Fourth Report from the Defence Committee (1985-86), H. C. 518, Rdnr. 8.

Darüber hinaus stützte der Ausschuß seine Vorgehensweise auf einen Parlamentsbeschluß. In ihm wurde zwar einerseits die beständige objektive Vorgehensweise der Regierung im Bemühen um eine finanzielle Konsolidierung der Westland-Gesellschaft anerkannt, andererseits aber auch zugleich festgestellt: „The competence of departmental Select Committees of the House of Commons *to consider the issues raised by these developments*“[13]. Dieser Beschluß enthielt in seinem letzten Teil keine verbindliche (mandatory) parlamentarische Instruktion des Hauses an den Verteidigungsausschuß. Dazu war der Beschluß zu allgemein und an alle Untersuchungsausschüsse gerichtet. Aber als permissive instruction war er interpretierbar, und davon machte der Verteidigungsausschuß Gebrauch. Grundsätzlich bedeutete er eine Art Rückendeckung für den Ausschuß. „It could not be seriously argued that the way in which decisions on these matters are taken within Government was not an issue ‚*raised by these developments*'“.[14]

Schließlich rechtfertigte der Ausschuß seine selbständige Erweiterung des Untersuchungsthemas mit der lang bestehenden Konvention, wonach die Interpretation des Einsetzungsbeschlusses immer die Angelegenheit des betreffenden Ausschusses selbst sei. Wenn nun dieser Einsetzungsbeschluß — wie im Falle der Standing Order No.130 — allgemeiner Natur sei und die Ausschüsse ganz generell ermächtige, „to examine the expenditure, administration and policy“, dann handele der Ausschuß nicht außerhalb seiner Befugnisse (ultra vires), wenn er im konkreten Fall Regierungsinterna zum Gegenstand seiner Untersuchung wähle. Diese Regierungsinterna berührten schließlich die nationale Verteidigung und seien insofern „material to the future policy of the Ministry of Defence“.[15] Damit hatte der Ausschuß zugleich auch begründet, warum er von allen anderen Departmental Select Committees der am besten geeignete war, diese Angelegenheit insgesamt zu untersuchen.

Die ausführliche Begründung für sein Vorgehen diente mit Sicherheit dazu, die Arbeit des Ausschusses im parlamentarischen Kräftespiel zu stärken. Andererseits war sich der Ausschuß von vorneherein der Schwierigkeiten bewußt, Licht in das Dunkel einer Materie aus dem exekutiven Kernbereich zu bringen.

§ 27 Die Bitte (request) um Herausgabe der „October Documents“

Der Ausschuß hielt es für erforderlich, besondere Akten (October Documents) der Regierung einzusehen. Hierbei handelt es sich um Protokolle und Mitschriften von Treffen des Wirtschaftsministers und der Premierministerin vom 4. Oktober 1985 sowie des Vorsitzenden der Westland-Gesellschaft mit dem

---

[13] Votes and Proceedings, 15. Jan. 1986, S. 187.

[14] Fourth Report from the Defence Committee (1985-86), H. C. 519, Rdnr. 7.

[15] Fourth Report from the Defence Committee (1985-86), H. C. 519, Rdnr. 9.

Wirtschaftsminister vom 18. Oktober 1985. Diese Dokumente würden nach der Zeugenaussage von Mr. Heseltine eindeutig seine Position in sachlicher Hinsicht bekräftigen.

Die Regierung verweigerte zunächst Einsichtnahme und Herausgabe der betreffenden Akten. Zur Begründung teilte sie dem Ausschuß mit, es handele sich um interministeriell sowie kommerziell vertrauliche Gegenstände. Die Zurverfügungstellung dieser Art von Dokumenten sei nicht angemessen (not appropriate) und stehe nicht mit den „normalen Konventionen" in Einklang.[16] Statt dessen stellte die Regierung eine Zusammenfassung der Akteninhalte zur Verfügung und versicherte zugleich, daß diese alle wesentlichen Punkte enthalte.

Bei der folgenden Vernehmung bezeichnete Mr. Heseltine die Zusammenfassung als irreführend. Daraufhin wandte sich der Ausschuß erneut an die Regierung. In einer zweiten Bitte (Request) äußerte er sich zunächst zu den Ablehnungsgründen der Regierung: „Nicht angemessen" (not appropriate) sei eine in Mode gekommene Phrase der Regierung. Sie sei eine weitschweifige Methode, „Nein" zu sagen, ohne irgendwelche substantiellen Gründe zu nennen. Was die „normalen Konventionen" anbetreffe, so habe die Regierung diese in der Vergangenheit aus bloßen Zweckmäßigkeitsgründen mehrfach nicht eingehalten, und zwar bezüglich genau der Kategorie von Dokumenten, um die sie jetzt gebeten worden sei.[17]

Die Regierung kam dieser erneuten Aufforderung nach. Sie stellte die gewünschten Dokumente zunächst zwar nicht dem Ausschuß, sondern lediglich dem Vorsitzenden sowie dem Senior Opposition Member zur Einsichtnahme zur Verfügung (Vorsitzendenverfahren).[18] Darüber hinaus wünschte die Regierung, daß auch weiterhin einige besonders gekennzeichnete Dokumente vertraulich behandelt werden. Der Ausschuß kam dieser Bitte des sog. „side-lining" nach.[19] Er nahm die als vertraulich gekennzeichneten Teile von der Aufnahme in den Bericht aus. In seinem abschließenden Bericht wies der Ausschuß den Vorwurf der irreführenden Zusammenfassung ausdrücklich zurück: „We repudiate any suggestion that the summaries were misleading in any respect."[20]

§ 28 Die Bitte (request) um Erscheinen der involvierten Beamten als Zeugen vor dem Ausschuß

Der Ausschuß beabsichtigte, fünf Regierungsbeamte zu vernehmen. Ihre Aussagen sollten die Vorgänge um die Veröffentlichung der vertraulichen

---

[16] Auszüge der Regierungsmitteilung vom 4.2.1986, abgedruckt in: Fourth Report from the Defence Committee (1985-86), H. C. 519, Evidence, S. 318-320.

[17] Ebda., Rdnr. 219.

[18] Vgl. dazu obige Ausführungen in § 20.

[19] Vgl. oben in § 20.

[20] Fourth Report from the Defence Committee (1985-86), Rdnr. 224.

Mitteilung des Solicitor-General aufklären. Die Regierung verweigerte hierzu die Erlaubnis. Zur Begründung ihrer Weigerung führte sie an, daß es sich bei dem zu erwartenden Vernehmungsgegenstand um das „conduct" der Beamten handele.[21] Die Zeugen seien bereits im Rahmen einer internen Regierungsuntersuchung (internal inquiry) zu der Angelegenheit befragt worden. Eine zweite Vernehmung zu denselben Fragen würde die Beamten unverhältnismäßig belasten.[22] Statt dessen bot die Regierung den Leiter der internen Regierungsuntersuchung sowie den Behördenleiter des Wirtschaftsministeriums als Zeugen an.

Der Ausschuß machte von dem Angebot Gebrauch, erkannte aber ansonsten die Verweigerungsgründe nicht an: Das „Memorandum of Guidance" habe keinen formalen Status. Die Befugnisse des Ausschusses, die Anwesenheit und Aussage von Beamten zu verlangen, seien uneingeschränkt. Dies habe die Regierung auch des öfteren anerkannt. Es bestehe für Beamte keine erkennbar gefährdende Situation, wenn sie nach einer Vernehmung durch eine interne Regierungskommission über dieselbe Sache vor einem parlamentarischen Untersuchungsausschuß aussagten. Denn der Zeuge vor einem solchen Ausschuß genieße absoluten Schutz in Form eines Privilegs. Danach könne er wegen seiner Aussage weder bestraft noch sonstigen Repressalien ausgesetzt werden.

Trotz dieser eindeutigen ablehnenden Haltung sah der Ausschuß zunächst davon ab, die Anwesenheit der betreffenden Zeugen weiter zu verfolgen. Er wählte nicht das Verfahren, dem House of Commons offiziell die Behinderung der Ausschußarbeit durch die Regierung vorzutragen. Denn würde das House of Commons auf das Erscheinen der Beamten vor dem Ausschuß bestehen, müßten diese der Aufforderung zwar Folge leisten. Doch sie stünden weiter unter dem Druck ihrer Minister, sich vor dem Ausschuß in gewisser Weise zu verhalten. Die Beamten begriffen sehr schnell, daß die Einhaltung ministerieller Instruktionen eine Angelegenheit „of their careers and reputations and lifes"[23] werden würde. Tatsächlich gerieten sie durch ihre Minister in eine solch bedrängte Position, daß es zum jetzigen Zeitpunkt noch unverhältnismäßig und damit nicht „fair" wäre, auf ihrer Anwesenheit zu bestehen.[24]

Aus diesem Grunde zog der Verteidigungsausschuß — ganz wesenstypisch für das englische parlamentarische Untersuchungsverfahren — zunächst eine

---

[21] Vgl. zum „conduct" obige Ausführungen in § 22.

[22] Tatsächlich wurde von der Regierung am 13.1.1986 unter der Leitung des Secretary of the Cabinet eine interne Untersuchungskommission eingesetzt. Sie sollte die Hintergründe der Veröffentlichung dieser Mitteilung des Solicitor-General ergründen. Der entsprechende Untersuchungsbericht wurde der Premierministerin am 22.1.1986, nicht aber dem Parlament bzw. dem Untersuchungsausschuß vorgelegt. Statt dessen gab die Premierministerin auf der Grundlage dieses Berichtes 2 Regierungserklärungen (Government Statements) im House of Commons am 23. und 27.1.1986 ab. (Official Report vom 23.1., cols. 449-460; ebda., vom 27. 1., col. 657).

[23] Fourth Report from the Defence Committee (1985-86), Rdnr. 233.

[24] Ebda., Rdnr. 235.

andere Vorgehensweise vor. Mit der Inaussichtstellung der uneingeschränkten formalen Befugnisse verband er zugleich eine Mahnung an diejenigen, die es anging. Er aktualisierte damit in erster Linie die Verantwortlichkeit der Regierung, die betreffenden Minister davon abzuhalten, ihre Beamten zu einem gewissen Verhalten zu bestimmen. Zugleich aber nahm er auch die Beamten in die Pflicht, indem er zum Ausdruck brachte, daß es an ihnen liegen würde, das ihnen von den Ministern angetragene Verhalten tatsächlich auch zu befolgen.[25]

So führte der Ausschuß in seinem Bericht aus: „We considered asking for this authority, but wished to complete our inquiry, so far as was possible on the evidence before us, before reporting these circumstances before the House".[26]

§ 29 Die Feststellungen des Untersuchungsausschusses

Der Ausschuß verneinte jede Parteinahme der Regierung für die eine oder andere Westland-Option. Nach seiner Beweisverwertung war die Regierungsmehrheit ausschließlich daran interessiert, daß die Gesellschaft beide Angebote gleichermaßen zur Grundlage ihrer Entscheidung machen konnte.

Der Ausschuß verurteilte das Verhalten Mr. Heseltine's. Er habe dadurch die Konvention der kollektiven Verantwortlichkeit verletzt. Diese Konvention gebietet, daß jeder einzelne Minister — gerade wenn er überstimmt ist — den mehrheitlichen Beschluß des Kabinetts nach außen mitträgt.[27] Heseltine selbst habe innerhalb des Kabinetts die Möglichkeit erhalten, seinen konträren Standpunkt zu vertreten.[28]

Andererseits verurteilte der Ausschuß aber auch die Verhaltensweise der Regierungsmehrheit und hierunter insbesondere die des damaligen Wirtschaftsministers Leon Brittan. Die Mehrheit habe nichts unternommen, Mr. Heseltine rechtzeitig in die Schranken zu weisen. Statt dessen habe insbesondere Mr. Brittan eine Geisteshaltung (attitude) eingenommen, die durch nichts zu rechtfertigen sei. Die Annahme nämlich, man könne wegen der nicht unerheblichen Unterstützung Heseltine's durch Teile der regierenden Partei wie auch des Volkes ihn nicht zum Rücktritt auffordern, habe zu der Überlegung geführt, ihn durch irgendein anderes Mittel zu bändigen.[29] In diesen Zusammenhang stellte der Ausschuß die Veröffentlichung der vertraulichen Mitteilung des Solicitor-General an Mr. Heseltine.

---

[25] Fourth Report from the Defence Committee (1985-86), Rdnr. 237.

[26] Ebda., Rdnr. 231.

[27] Der Inhalt dieser Konvention ist vergleichbar mit § 28 Abs. 2 GeschO BReg.

[28] Die Konvention der Vertraulichkeit von Kabinettssitzungen bindet auch ausscheidende Minister, so daß die Ausführungen Heseltine's auf der Pressekonferenz vom 9.1.1986 eine zusätzliche Konventionsverletzung darstellen; vgl. hierzu: R. Austin, S. 274.

[29] Fourth Report from the Defence Committee (1985-86), Rdnr. 109.

Die Veröffentlichung war selektiv und nur dadurch geeignet, Mr. Heseltine sowohl in der Sache als auch in der Person zu diskreditieren: „Their only purpose can have been to discredit Mr. Heseltine."[30] Die Methode der Veröffentlichung „of tendentious extracts from the letter was disreputable."[31] Den gesamten Vorgang bezeichnete der Ausschuß als eine ungehörige Handlung („improper act")[32], die von Beamten des Wirtschaftsministeriums unter Billigung Mr. Brittans veranlaßt worden sei.[33]

Die Veröffentlichung von Mitteilungen eines Law Officer stellt bereits an sich einen Verstoß gegen geltende Konventionen dar[34], wonach sowohl der Inhalt ihres Rates als auch die Tatsache, daß sie überhaupt um Rat gefragt worden sind, vertraulich behandelt werden müssen. Der Zweck dieser Konvention liegt darin, die Regierung vor öffentlichen Angriffen bezüglich möglicher Unsicherheit oder gar Unfähigkeit, Entscheidungen zu treffen, zu schützen. Mit Zustimmung des ratgebenden Law Officer, des ratempfangenden Ministers oder der Krone — und für sie stellvertretend des Premierministers — ist allerdings diese Veröffentlichung im Einzelfall erlaubt. Der Ausschuß stellte jedoch fest, daß weder der Solicitor-General noch Mr. Heseltine selbst ihre Zustimmung zur Veröffentlichung erteilt hatten. Beide erhielten hiervon erst durch die Pressemeldung am 6.1.1986 Kenntnis. Bewilligt hatte die Veröffentlichung der Wirtschaftsminister. Da er aber weder der ratgebende noch der ratempfangende Minister war, war seine Zustimmung in jeder Hinsicht bedeutungslos. Die entscheidende Frage blieb also, ob die Premierministerin selbst der Veröffentlichung zugestimmt und Kenntnis von ihrer selektiven Natur hatte. Zur Klärung dieser Fragen verweigerte der von dem Ausschuß vernommene Zeuge Leon Brittan ohne Angabe von Gründen die Antwort. Die Premierministerin erschien nicht selbst vor dem Ausschuß, berichtete aber in der Regierungserklärung vor dem House of Commons am 27.1.1986, daß sie von dem Vorgang keine Kenntnis gehabt habe: „I did not know about the Secretary of State and Industry's own role in the matter of the disclosure until the inquiry (gemeint ist die interne Regierungsuntersuchung unter der Leitung von Sir Robert Armstrong) had reported".[35] Die zur weiteren Aufklärung gebetenen Regierungsbeamten erhielten keine Aussagegenehmigung. Der statt dessen vernommene Leiter der internen Regierungskommission bestätigte die Erklärung der Premierministerin. Die ganze Veröffentlichung beruhe auf einem Mißverständnis (misunderstanding) zwischen Beamten in Downing Street No.10 und denen des Wirtschaftsministeriums.

---

30 Ebda., Rdnr. 165.

31 Ebda., Rdnr. 156.

32 Fourth Report from the Defence Committee (1985-86), Rdnr. u. 213.

33 Ob die Verhaltensweise zugleich Anlaß zur Eröffnung einer Anklage wegen Verletzung der Section 2 des Official Secrets Act 1911 gibt, vgl.: ebda., Rdnr. 201 sowie R. Austin, S. 270ff.

34 Vgl. zur Stellung der Law Officer obige Ausführung in § 22.

35 Official Report vom 27.1.1986, col. 657.

Der Ausschuß akzeptierte die Erklärungen der Premierministerin: „The evidence is that the action ... on 6 January in relation to the disclosure was without her direct authority. She has stated that she had no knowledge on 6 January of what was taking place. *We accept this.*"[36]

Der Ausschuß äußerte jedoch Zweifel an den Ausführungen Sir Robert Armstrong's bezüglich des Mißverständnisses (misunderstanding): „It is not impossible that four extremely able officials in key positions would have been capable of identical misunderstandings. But it is far more likely that Mr. Ingham (Press Secretary in Prime Minister's Office) realised very well that what was being sought was not agreement but authority for the disclosure, the authority of No. 10 and so of the Prime Minister, and this he refused to countenance."[37]

§ 30 Die Auswertung der zur Verfügung stehenden Beweise

Der Verteidigungsausschuß trennte die Erweiterung von der Hauptuntersuchung und berichtete über sie in einem gesonderten Bericht, der dem House of Commons am 23. Juli 1986 vorgelegt wurde. Der Entwurf des Berichtes ist aufgrund abweichender Meinungen ein zweites Mal in dem dafür vorgesehenen Verfahren einer zweiten Lesung behandelt worden. Durch dieses Verfahren konnte eine Einigung zwischen der Ausschußmehrheit und der Ausschußminderheit erzielt werden, die einen Minoritätsbericht erübrigte.

Der Ausschuß setzte sich aus elf Abgeordneten zusammen. Davon gehörten sieben den Conservatives und vier der Labour Party an. Zum Vorsitzenden wählte der Ausschuß ein Mitglied der Conservatives.

Zwecks Beweiserhebung stand der Ausschuß in engem Kontakt mit dem Trade and Industry Committee. Er machte von den Befugnissen der Standing Order No.130 (5 d) Gebrauch und tauschte mündliches und schriftliches Beweismaterial mit dem begleitenden Untersuchungsausschuß aus.

Der Ausschuß hatte nicht in jedem Falle die erbetenen Informationen erhalten. Dennoch berichtete er auf der Basis der vorhandenen Beweise. Er bediente sich einer freien Beweiswürdigung und scheute sich nicht, Lücken durch eigene Folgerungen zu schließen, die er wiederum aus der Auswertung und Einordnung der zur Verfügung stehenden Beweise begründete. Es handelte sich zum Großteil um eine „hearsay"-Beweisführung. Im Ergebnis kehrte der Ausschuß die Beweislast um. Zur Begründung führte er aus, daß es ja schließlich die Regierung sei, die ihm nicht alle erforderlichen Beweise zur Verfügung stelle. In seinen abschließenden Worten äußerte der Ausschuß pointiert dazu: „Falls die Regierung es wünscht, unsere Ergebnisse der Untersuchung in Frage zu stellen, steht es ihr zu, eine Wiederaufnahme durch die Zurverfügungstellung der

---

[36] Fourth Report from the Defence Committee (1985-86), Rdnr. 183.

[37] Ebda., Rdnr. 154.

erbetenen Beweise zu veranlassen. Es liegt in ihrer Hand. Falls diese neuen Beweise tauglich sind, unsere Ergebnisse zu modifizieren, werden wir einen neuen Bericht an das House of Commons erstellen."[38]

[38] Fourth Report from the Defence Committee (1985-86), Rdnr. 240.

3. Kapitel

Schlußfolgerungen

Die Untersuchung der Westland-Affäre hob für einen Augenblick den Vorhang, der normalerweise den Einblick in die innere Arbeitsweise der Regierung versperrt:

In Kabinettsdiskussionen; in Konversationen und Briefwechsel zwischen Ministern sowie Ministern und Beamten; in die Kontrolle der Premierministerin über das Kabinett; in die Ergebnisse einer internen Regierungs-Untersuchung über das persönliche Fehlverhalten (conduct) von Beamten; in den Rat eines Crown Law Officers; all dies und noch mehr wurde in der parlamentarischen Untersuchung, wenngleich nicht vollständig, so doch zu einem beträchtlichen Teil, offengelegt.[1]

Den Hintergrund der Affäre bildete der Konflikt zweier mächtiger Kabinettsminister über ihre politischen Absichten und Prioritäten. Die Premierministerin war aus verschiedenen Gründen nicht willens oder in der Lage, dieses Aufeinanderprallen zu kontrollieren. Einer der Minister war populär und galt als ihr möglicher Rivale, der andere als ihr „courtier" („Höfling").[2] Die öffentliche Kontroverse berührte darüber hinaus Angelegenheiten, die Herzstücke der Conservatives sind; namentlich die der nationalen Verteidigung, der freien Marktwirtschaft und der atlantischen Bindung. Diese Angelegenheiten konnten im konkreten Fall schwer miteinander vereinbart werden. Die Partei war über diese Punkte geteilt, und die Unterstützung für den Heseltine-Standpunkt war auch in der Bevölkerung nicht unbedeutend.[3] Beide Seiten verstießen letztlich gegen die Konvention der kollektiven Verantwortlichkeit, wonach Regierungsstreitigkeiten nicht in der Öffentlichkeit ausgetragen werden.

Das Untersuchungsverfahren hat seinen Wert mit der Aufklärung der Westland-Affäre unter Beweis gestellt.[4]

Allerdings rief deren parlamentarische Behandlung auch Reformdiskussionen über das parlamentarische Untersuchungsrecht hervor, insbesondere über die Vernehmung von Beamten des Civil Service (§ 31) sowie über die Stellung des

---

[1] R. Austin, S. 278.

[2] M. Linklater u. D. Ligh, Not with Honour: The Inside Story of the Westland Scandal, London 1986, S. 13.

[3] Ebda., S. 25.

[4] R. Austin, S. 279.

Prime Minister im Untersuchungsverfahren (§ 32). Allgemeiner Natur ist die Kritik am „Big Government" (§ 33) und an der parlamentarischen Kontrolle sicherheitsrelevanter Angelegenheiten (§ 34). Im Anschluß daran (§§ 35-41) sollen mögliche Schlußfolgerungen für das parlamentarische Untersuchungsrecht in der Bundesrepublik Deutschland gezogen werden.

1. Abschnitt

Zur Reformdiskussion in England

§ 31 Über die parlamentarische Vernehmung von Beamten des Civil Service

Nach der Konvention der ministeriellen Verantwortlichkeit trägt jeder Minister öffentlich die Verantwortung für das Verhalten der ihm unterstellten Beamten.[1] Er nimmt die Schuld auf sich, wenn Dinge falsch laufen und bekommt andererseits das Lob, wenn die Aufgaben ordnungsgemäß und zur Zufriedenheit erfüllt werden. Die Beamten, die in seinem Namen handeln, sind durch den Grundsatz der Anonymität vor Vorwürfen geschützt: Formell dadurch, daß ihre Person anonym bleibt und materiell dadurch, daß der Minister die Verantwortung für sie trägt. „So goes the theory."[2]

In der Wirklichkeit sind die englischen Beamten in den letzten Jahren des öfteren in das öffentliche Blickfeld geraten. Sie sind durch den parlamentarischen Ombudsmann namentlich kritisiert worden, sobald ihnen eine schlechte Amtsführung nachgesagt werden konnte. Regelmäßig werden sie zur Zeugenaussage vor den Untersuchungsausschüssen gebeten. Den Whitehall-Beobachtern der Presse sind sie persönlich bekannt. Sie erbringen schließlich auch in Rechtsstreitigkeiten vor den ordentlichen Gerichten Beweis.[3] All das trägt dazu bei, daß ihre persönliche Anonymität praktisch nicht mehr gewährleistet ist.

Die Westland-Affäre deckt darüber hinaus auf, daß auch formell die Anonymität kaum mehr existiert.[4] Nach der offiziellen Version ging die Veröffentlichung der vertraulichen Mitteilung des Law Officer auf die Initiative zweier Beamter des Wirtschaftsministeriums zurück. Vergleichbar eigeninitiativ verhielten sich die Beamten des Prime Minister's Office, die die Veröffentlichung durch das umstrittene „Mißverständnis" deckten (cover), ohne zuvor die Premierministerin zu informieren respektive deren Einverständnis einzuholen.[5] Andererseits waren die politisch verantwortlichen Minister in der Westland-

[1] R. Klemmt, S. 386ff.

[2] R. Austin, S. 274.

[3] Zu den Durchbrechungen der Anonymität vgl. R. Klemmt, S. 396ff.

[4] R. Austin, S. 281.

[5] Vgl. oben § 29.

Affäre auffällig ruhig. Es vergingen Wochen, bis sie persönlich für die Veröffentlichung die Verantwortung übernahmen.

Die öffentliche Meinung reagierte darauf mit heftiger Kritik. Diese wandte sich zunächst gegen die Art der Aufgabenerfüllung des „Permanent Government“.[6] Die Beamten — so zeigte die Westland-Affäre — führten die Politik nicht mehr nur aus, sondern initiierten eigenständig und das auf einem hochpolitischen Gebiet. Darüber hinaus richtete sich die öffentliche Kritik gegen die Zurückhaltung der verantwortlichen Minister. Der Vorwurf wurde schließlich auch gegen die persönlich bekannten Beamten erhoben, die nun aber ihrerseits wegen der besagten Anonymität keine Gelegenheit erhielten, ihr Verhalten zu erklären und sich so zu verteidigen. Der Grundsatz der Anonymität kehrte sich in einer solchen Situation geradezu gegen die ursprünglich unter Schutzgesichtspunkten besonders herausgehobene Beamtengruppe selbst.

Diese Position ist nicht mehr haltbar. Den Beamten muß in dem Maße die Freiheit zur Erklärung und Rechtfertigung ihrer Entscheidungen zugestanden werden, in dem sie durch den Wandel ihrer Aufgabenerfüllung eigeninitiativ auch im politischen Bereich tätig werden.[7] Das gilt umso mehr, wenn die Minister ihren Teil der Verantwortlichkeit selbst überhaupt nicht oder nicht rechtzeitig übernehmen und damit zulassen, daß die Beamten der öffentlichen Kritik ausgesetzt werden. Deshalb sollte den Untersuchungsausschüssen zukünftig auch nicht mehr die Vernehmung der Beamten unter Berufung auf den Grundsatz der Anonymität versagt werden.[8]

§ 32 Über die Stellung des Prime Minister im parlamentarischen Untersuchungsverfahren

Die Rolle der Premierministerin in der Westland-Affäre war immer „the most sensitive and potentially explosive issue in the Westland Saga“.[9] Trotz der parlamentarischen Untersuchung blieb auch weiterhin ungeklärt, inwieweit die Premierministerin in die Veröffentlichung der vertraulichen Mitteilung des Solicitor- General verstrickt war, ob und bejahendenfalls, von wem sie von der Veröffentlichung wußte.

Nach bestehender Konvention kann der Premierminister — im Unterschied zur Rechtslage in der Bundesrepublik — nicht als Zeuge vor einen Untersuchungsausschuß geladen werden.[10] So äußerte sich die Premierministerin zu den Vorgängen nur im Rahmen von Regierungsstatements vor dem House of

---

[6] E. Stephenson, British Government and Politics, London 1987, S. 50ff.

[7] G. K. Fry, The Changing Civil Service, London 1985, S. 51 ff.

[8] Vgl. hierzu auch H. Döring, Parteiensystem, Sozialstruktur und Parlament in Großbritannien, in: Aus Politik und Zeitgeschichte, 1987, B 38, S. 15ff. (27).

[9] The Times, 6.4.1989, S. 1.

[10] Vgl. oben § 22 (S. 71).

Commons. Ihr möglicher Beitrag an der Veröffentlichung blieb aber auch danach in der öffentlichen Diskussion kontrovers.[11] Weil der Ausschuß nur auf Grund des „hearsay"-Beweises davon ausgehen konnte, daß die Premierministerin von den Vorfällen auch in ihrem Prime Minister's Office keine Kenntnis gehabt habe, blieb der heimliche Verdacht, die Öffentlichkeit habe noch immer nicht die ganze Wahrheit erfahren.[12] Natürlich wurde dieser Verdacht durch die Tatsache geschürt, daß den direkt involvierten Beamten die Aussage vor dem Untersuchungsausschuß verweigert wurde.[13] Die fehlende Klarstellung seitens der Premierministerin vor dem Ausschuß ließ in einer solchen Situation Raum für Spekulationen und schadete damit dem Ansehen der englischen Regierung. Zunehmend geriet sie unter den Verdacht, eine „autocratic fashion" angenommen zu haben, und der „Thatcherismus" erhielt fortan diese negative Assoziation.[14] Die Kontroverse flaute jedoch zunächst wieder ab und schien angesichts der täglichen Regierungsarbeit in Vergessenheit zu geraten.

Doch im April 1989 änderte sich das Bild schlagartig. Einer der Hauptbetroffenen, der damalige Wirtschaftsminister Leon Brittan,[15] gab eine Erklärung ab, die die Position der Premierministerin peinlich berührte. Das Aufsehen über diese Nachricht war so groß, daß ihr wesentlicher Inhalt tags darauf am 6. April 1989 auf der Titelseite der „The Times" als Leitartikel mit der Überschrift versehen wurde: „Westland leak ‚approved by Downing Street'". Damit kündigte sich eine dramatische Entwicklung in der Westland-Affäre an. Noch wenige Tage vor der langen Sommerpause (31. Juli bis 17. Oktober) handelte sich einer der Hauptinquisitoren der damaligen Untersuchung einen Ordnungsverweis wegen der Form ein, in der er seine heftige Kritik an dem persönlichen Beitrag, den die Premierministerin in der Westland-Affäre seiner Meinung nach gespielt habe, äußerte und mußte das House of Commons vorzeitig verlassen: „Mr. Tam Dalyell (Linlithgow, Lab) was suspended until after the summer recess after accusing the Prime Minister of lying to the Commons on January 27, 1986."[16]

Tatsache bleibt, daß eine nach drei Jahren als abgeschlossen angesehene Affäre durch die Aussage eines Hauptbetroffenen erneut aufgegriffen werden müßte. Dies hätte vermieden werden können, wenn der Untersuchungsausschuß im Jahre 1986 die Möglichkeit gehabt hätte, die Premierministerin selbst in das effektive Kreuzverhör zu nehmen. Die Position des Premierministers ist in der gegenwärtigen Verfassung zu stark, um dem Aufklärungsinteresse der Öffentlichkeit im gebotenen Maße Rechnung zu tragen.

---

[11] M. Linklater u. D. Ligh, S. 37ff.

[12] M. Linklater u. D. Ligh, S. 40.

[13] Vgl. oben § 28.

[14] D. Stephenson, S. 16ff.

[15] Vgl. oben § 29.

[16] The Times, 24.7.1989, S. 8; vgl. zur Regierungserklärung der Premierministerin oben § 29, Fußn. 35.

§ 33 Über das Verhältnis der „parliamentary watchdogs" zum „Big Government"

Die mit der Einführung des Departmental Select Committee-Systems verbundenen allgemeinen Befürchtungen sind nicht eingetreten:[17]

Das begleitende parlamentarische Untersuchungssystem hat weder die Minister noch die Beamten von ihrer „wirklichen" Arbeit ferngehalten. Die Departmental Select Committees haben auch nicht die Aufmerksamkeit vom eigentlichen parlamentarischen Forum, dem House of Commons, auf sich abgelenkt. Schließlich haben sich nicht sogenannte „First Class"-Abgeordnete herausgebildet, die als Mitglieder der Ausschüsse über mehr Informationen hinsichtlich gewisser Regierungsangelegenheiten verfügen als der Rest der sogenannten „Second Class"-Abgeordneten, denen solche Informationen vorenthalten bleiben.

Statt dessen sind in bemerkenswerter Form die „Back-Benchers" in die parlamentarische Untersuchungstätigkeit integriert worden.[18] Darüber hinaus dienen die Departmental Select Committees der Vorbereitung junger, relativ unerfahrener Abgeordneter auf spätere offizielle parlamentarische Aufgaben.[19] Die Departmental Select Committees wirken auch als eine Art parlamentarische Erziehungsstätte zum Erlernen der so bedeutenden Konventionen, des Umgangs miteinander und des besonderen Stils, den Repräsentanten in England pflegen.[20]

Dennoch: Gemessen an der Zielsetzung der Reform, bleibt die Frage, ob es tatsächlich mittels der Departmental Select Committees gelungen ist, das Informationsgefälle zwischen Regierung und Parlament auszugleichen.

Das englische politische System besteht seit langem aus einer „fulltime"-Regierung, die einem „parttime"-Parlament verantwortlich ist.[21] Angesichts der lang andauernden Parlamentsferien ist die Exekutive für insgesamt ein halbes Jahr Gegenstand einer nur reduzierten Überprüfung ihrer Aktivitäten.[22] Zwar ist den Departmental Select Committees gerade auch aus diesem Grunde gestattet, ihre Untersuchungstätigkeit in der parlamentsfreien Zeit fortzusetzen. Doch wegen der zahlreichen Verpflichtungen der Abgeordneten in deren

---

[17] G. Drewry, The New Select Committees, S. 16ff.

[18] G. Drewry, Select Committees and Back-Bench Power, in: The Changing Constitution, hrsg. von J. Jeffrey u. O. Dawn, Oxford 1985, S. 127-148.

[19] D. Englefield, Commons Select Committees, S. XVI.

[20] Seit Jahrhunderten dient das House of Commons als Instrument der Auslese und politischen Erziehung; vgl. hierzu K. Löwenstein, S. 296ff.

[21] The Times, 5.8.1989, S. 10.

[22] Das House of Commons tagt im Durchschnitt pro Jahr an 160 Tagen. Doch sind die Sitzungstage nicht kontinuierlich auf das Jahr verteilt, sondern in vier Perioden mit längeren Unterbrechungen (recess) eingeteilt. Insbesondere in der 3-monatigen Sommerpause (summer recess) werden die Regierungsgeschäfte nicht kontinuierlich begleitet. Vgl. hierzu C. F. Padfield u. A. Byrne, S. 64.

Wahlkreisen und in Parteigremien kann diese Möglichkeit praktisch kaum genutzt werden.[23] Im Hinblick auf die vom Haus abgeleitete Autorität, deretwegen die Ausschüsse zur effektiven Untersuchungstätigkeit immer im engen Kontakt mit dem Plenum stehen müssen,[24] hat die Befugnis auch theoretisch keinen entscheidenden Effekt.

Das größte Problem der parlamentarischen Kontrolle stellt jedoch das ständige Anwachsen der Zahl der Regierungsmitglieder dar.[25] Nun hatte England aus traditionalen Gründen immer eine umfangreiche Exekutive.[26] Es war für eine lange Zeit eine der wichtigsten Kolonialmächte und beherrschte um die Jahrhundertwende ein Imperium, das größer war als das Roms und das des Kaisers Karl V. Doch mit dem Wegfall dieser Voraussetzungen verringerte sich keineswegs die Zahl der Regierungsmitglieder. Statt dessen stieg sie seit dem Zweiten Weltkrieg beständig. Die Regierung unter Premierminister Attlee bestand im Jahre 1945 noch aus 80 Mitgliedern. Die Zahl wuchs unter Wilson auf 98. Callaghan setzte sie erstmals über 100 und Thatcher hob sie auf 110.[27] Als Erklärung dieses Phänomens bleibt die eigentümliche Unionsverfassung. Zählt man die Mitglieder der Bundes- und Landesexekutiven in der Bundesrepublik Deutschland zusammen, so erhält man in der Tat eine Zahl, die weit über 100 hinausgeht. Im Unterschied hierzu verfügt das Vereinigte Königreich allerdings nicht über „Länder“ und entsprechende Landesparlamente, die die Kontrollaufgaben des House of Commons minimieren könnten.[28]

Wegen dieser Ausgangslage hat jede Regierung Informationsvorsprünge, die trotz der vielfältigen Untersuchungen der Departmental Select Committees nicht gänzlich beseitigt werden konnten. Entgegen manch enthusiastischer Erwartungen haben sich die Untersuchungsausschüsse nicht zu einem „Big Brother of Government“ entwickelt.[29]

---

[23] C. F. Padfield u. A. Byrne, S. 94ff.

[24] Vgl. oben § 21.

[25] G. Marshall, Ministers, Civil Servants, And Open Government, in: Public Law and Politics, hrsg. v. C. Harlow, London 1986, S. 80ff. (84).

[26] Vgl. hierzu K. Löwenstein, S. 403ff.

[27] Die Regierung setzt sich aus vier Gruppen von Ministern zusammen:
1. 22 Minister mit Kabinettsrang (Cabinet Ministers). Sie werden meist als Secretary of State bezeichnet.
2. 29 Minister ohne Kabinettsrang (Ministers not in the Cabinet). Sie tragen die Bezeichnung „Minister of State“ oder auch einfach „Minister“.
3. 4 Law Officers (Attorney-General, Lord Advocate, Solicitor-General und Solicitor General for Scotland)
4. 55 sog. Junior Ministers (Parliamentary Secretaries, Under Secretaries and Whips).
Nicht zur Regierung im formalen Sinne zählen die „Parliamentary Private Secretaries“. Sie sind den Parlamentarischen Staatssekretären vergleichbar, die ebenfalls nicht unter Art. 62 GG fallen. Die Funktion der beamteten Staatssekretäre üben die 39 „Permanent Under Secretaries“ aus. Vgl. hierzu: C. F. Padfield u.A. Byrne, S. 136ff.

[28] C. F. Padfield u. A. Byrne, S. 136ff.

[29] D. Englefield, Commons Select Committees, S. 17.

§ 34 Über die parlamentarische Kontrolle sicherheitsrelevanter Angelegenheiten[30]

Wie kein anderes verfassungsrechtlich und politisch bedeutsames Thema steht in England gegenwärtig die parlamentarische Kontrolle der Regierung in Sicherheitsfragen zur Diskussion.[31] Bislang ist es trotz mehrerer parlamentarischer Anläufe nicht zu einer Übertragung dieser Angelegenheit auf die in Betracht kommenden Home und Foreign Committees gekommen. Parlamentarische Kontrolle existiert so gut wie überhaupt nicht auf diesem Sektor.[32] Das ist umso beklagenswerter, als immer wieder Behauptungen über illegale und politisch motivierte Aktivitäten der Sicherheitsdienste aufgestellt werden. Besonders erschreckend ist die Darstellung des ehemaligen hochrangigen MI5 Officers Peter Wright in seinem Buch „Spycatcher", London 1986. Wright prangerte nicht nur die Infiltration der englischen Regierung durch sowjetische Sympathisanten an, sondern behauptete darüber hinaus, daß der MI5 1974 geplant habe, die damalige Labour Regierung durch konsequentes Abhören der Telefongespräche und durch Fälschen von Bankdokumenten mit dem Ziel zu diskreditieren, ihr bei den Oktoberwahlen zum House of Commons eine Niederlage beizubringen.

In einer parlamentarischen Debatte[33] im Dezember 1986 forderten einige Abgeordnete eine Special Commission, die sich aus Parlamentariern beider Häuser zusammensetzen sollte, um die Arbeit der Sicherheitsdienste zu überwachen. Die Regierungsmehrheit lehnte dies jedoch ab.[34]

Darüber hinaus werden Überlegungen angestellt, die parlamentarische Kontrolle der Sicherheitsdienste den Departmental Select Committees zu übertragen, wozu es bislang keine ausreichende parlamentarische Unterstützung gab. „At Westminster it has been claimed that the work of the security services falls within the ambit of the departmental select committee system. Mrs. Thatcher's Government has set its face against any select committee involve-

---

[30] Die Sicherheitsdienste (Security Services) wurden 1909 förmlich als Military Intelligence Services errichtet. Der MI5 dient der Spionageabwehr im Inland. Der MI6 ist verantwortlich für Spionage außerhalb des Landes. Jede Organisation wird durch einen Director General angeführt, der dem Home Secretary (im Falle des MI5) oder dem Foreign Secretary (im Falle des MI6) verantwortlich ist; C. F. Padfield u. A. Byrne, S. 278ff.

[31] G. Marshall, Constitutional Conventions, S. 122ff.

[32] Eine Ausnahme gilt für die Special Branch, eine Sondereinheit zur Bekämpfung des Terrorismus, die dem Home Secretary untersteht. Wegen ihrer Zielsetzung kommt es zu überlagernden Aktivitäten mit dem MI5. 1985 deckte ein Untersuchungsbericht des Select Committee of Home Affairs (1984-85), H. C. 71, illegale Abhöraktionen dieser Spezialeinheit auf.

[33] H. C. Debates, col. 153, S. 643 (v. 3.12.1986).

[34] Hierzu auch: C. Crouch, Großbritannien unter der Regierung Margaret Thatchers, in: Aus Politik und Zeitgeschichte, 1987, B 38, S. 3ff. (14).

ment in the supervision of security activities but the issue is, like some others, one in which the select committees could, if they had the will, have their way."[35]

Auch hinsichtlich der Wahrung des Brief-, Post- und Telefongeheimnisses bleiben viele Beobachter der englischen Regierungsszene trotz Verabschiedung des Interceptions of Communications Act[36] aus dem Jahre 1985 skeptisch.[37] Es wurde allerdings insofern eine Verbesserung gegenüber der früheren Situation erreicht, als danach regelmäßig ein Kommissionar aus den Reihen der Justiz zu ernennen ist, der die Einhaltung des Gesetzes zu kontrollieren hat.[38]

2. Abschnitt

Zur Reformdiskussion in der Bundesrepublik Deutschland

§ 35 Über die Untersuchungsgegenstände

In England ist die Tätigkeit der parlamentarischen Untersuchungsausschüsse auf die Regierungskontrolle beschränkt.[1] Private Angelegenheiten sind den politischen Organen höchstens mittelbar, d. h. im Rahmen einer gegen die Regierung gerichteten Untersuchung als Untersuchungsthemen zugänglich.[2] Doch auch soweit es die Regierungskontrolle betrifft, ist — theoretisch — nochmals zwischen der Zuständigkeit der Tribunals of Inquiry und derjenigen der Departmental Select Committees zu differenzieren. Regierungsangelegenheiten mit Skandalcharakter, also derjenige Bereich, in dem erwartungsgemäß auch Individualrechte berührt sein werden, sind auch nach der Reform des Jahres 1979 weiterhin den Tribunals of Inquiry vorbehalten. Denn: „The risks to persons involved in the inquiry can and should be minimised by the law without hampering the effectiveness of the inquiry."[3] Dagegen sind Regierungsangelegenheiten der „bloßen" Information oder der Kompetenzbeeinträchtigung wegen den Departmental Select Committees zur Kontrolle übertragen. Es gilt im Grundsatz: Je umfassender eine Regierungsangelegenheit individuelle Rechte betrifft, desto mehr ist die politische Untersuchung den Parlamentsorganen entzogen und den quasi-judiziellen Tribunals of Inquiry vorbehalten.

---

[35] G. Marshall, Constitutional Conventions, S. 127.

[36] Interceptions of Communications Act (1985), c. 56.

[37] I. Lloyd, „The Interceptions of Communications Act (1985)", in: M. L. R. 1986, S. 86ff.; I. Leigh, A Tapper's Charter?, in: P. L. 1986, S. 8ff.; dem Gremium und der Kommission zu Art. 10 GG vergleichbare parlamentarische Kontrollinstitutionen fehlen (vgl. oben § 4, S. 21).

[38] Vgl. zum Ganzen: C. F. Padfield u. A. Byrne, S. 283ff.; O. H. Phillips u. P. Jackson, S. 518ff.

[1] Vgl. oben §§ 14 und 17.

[2] Vgl. hierzu die parlamentarische Untersuchung der Westland-Affäre, § 25, insbes. Fußn. 2.

[3] Z. Segal, Tribunals of Inquiry, S. 214.

In der Praxis des letzten Jahrzehnts ist es allerdings zu keiner Einsetzung eines Tribunal of Inquiry gekommen. „It could be argued that the Act has been ignored in situations which were singulary appropriate for its use."[4] Dies liegt zunächst daran, daß die Abgrenzung innerhalb der Regierungsangelegenheiten zu Beginn einer Untersuchung Schwierigkeiten aufwirft. Das Ausmaß eines Untersuchungsthemas ist oftmals erst durch die Untersuchung selbst abzusehen. Und nach *Wade* ist das Tribunal of Inquiry „a procedure of last ressort to be used when nothing else will serve to alley public disquiet."[5] Darüber hinaus haben die Departmental Select Committees durch den kontinuierlich-begleitenden Untersuchungsauftgrag und die systematische Errichtung gegenüber den nachträglich und ad hoc einzusetzenden Tribunals of Inquiry eine rechtlich eingeräumte Chance des ersten Zugriffs. Diese Chance haben sie in der Vergangenheit genutzt und damit praktisch die ad hoc-Einsetzung eines Tribunals of Inquiry verhindert.[6]

Ein derartig abgestuftes politisches Untersuchungssystem ist in der Bundesrepublik Deutschland nicht vorhanden. Die Untersuchungsausschüsse des Deutschen Bundestages sind nicht auf die Regierungskontrolle beschränkt. Ihnen sind grundsätzlich alle Angelegenheiten vorbehalten, die in den Kompetenzbereich des Plenums fallen. Um eine thematische Ausweitung der politischen Untersuchung zu verhindern, hat die herrschende Meinung Kriterien aufgestellt, nach denen die Kompetenz der Untersuchungsausschüsse auf nachträgliche Einzelfalluntersuchungen von Bundesangelegenheiten beschränkt sein soll, die im „öffentlichen Interesse" stehen.[7]

Die Tauglichkeit des Merkmals „öffentliches Interesse" zur Beschränkung des Untersuchungsgegenstandes war immer umstritten[8] und ist mit der Einsetzung des Untersuchungsausschusses *„Neue Heimat"* erneut ins Blickfeld geraten. Denn damals befaßte sich der Untersuchungsausschuß unmittelbar mit privaten Angelegenheiten.[9]

Angesichts der rechtsstaatlichen Bedenken und der öffentlichen Kritik[10] an dieser Praxis drängt sich als Anregung auf, das bisherige Kriterium „öffentliches Interesse" eng auszulegen, um eine Beschränkung auf „Angelegenheiten der Bundesregierung und des Bundestages" zu erzielen.

Als zusätzliches Kontrollorgan könnte — was in der Reformdiskussion des öfteren angeregt wurde[11] — darüber hinaus eine den englischen Tribunals of

---

[4] Z. Segal, S. 207.

[5] H. W. R. Wade, Administrative Law, 5. Aufl. Oxford 1982, S. 872.

[6] Vgl. oben § 14.

[7] Vgl. oben § 4.

[8] R. Kipke, S. 45 m. w. N.

[9] Vgl. oben § 4 (S. 22f.).

[10] Vgl. hierzu M. Schröder, S. E 15ff. m. w. N.

Inquiry entsprechende quasi-judizielle Kontrollinstitution errichtet werden. Das Bedürfnis ist vorhanden: „aus eigener Erfahrung als Mitglied von fünf Untersuchungsausschüssen — von denen der *Flick*-Ausschuß die Höchstleistung an Indiskretion darstellte — weiß ich um die Schwierigkeiten, einen wirksamen Grundrechtsschutz für betroffene Zeugen — gerade auch in der Konfrontation zwischen Mehrheit und Minderheit — zu garantieren."[12] Diese Reform wäre allerdings nur dann von Vorteil, wenn es dabei gelänge, die faktische Anziehung der dieser Untersuchungsinstitution vorbehaltenen Themen durch die Untersuchungsausschüsse des Art. 44 GG zu verhindern. Diesbezüglich müßte an das parlamentarische Verständnis der Abgeordneten des Bundestages appelliert werden, von ihrem Selbstbefassungsrecht keinen Gebrauch zu machen und Regierungsangelegenheiten mit Skandalcharakter der Untersuchung eines richterähnlichen Gremiums vorzubehalten. Angesichts der negativen Erfahrung in England ist allerdings eine Grundgesetzänderung mit entsprechender Beschränkung der Parlamentsfunktion zum Schutze der Untersuchungskompetenz der quasi-judiziellen Kontrollinstitution zu empfehlen. Dabei könnte die Kontrolle der Einhaltung des erforderlichen rechtlichen Rahmenwerkes dem Bundesverfassungsgericht ausschließlich überantwortet werden. Der nicht geringe Vorteil einer derartigen Etablierung bestünde dann allerdings in einer Mehrung des öffentlichen Ansehens der politischen Untersuchung überhaupt, wäre doch in Skandalangelegenheiten die Untersuchung einer Kontrollinstitution übertragen, die im Umgang mit der Rücksichtnahme auf private Belange geübt ist.

§ 36 Über die gerichtliche Kontrolle und Rechtshilfe im parlamentarischen Untersuchungsrecht

Das parlamentarische Untersuchungsrecht ist politischer Natur. In England findet aus diesem Grunde keine gerichtliche Kontrolle von Untersuchungshandlungen statt.[13] Die Auseinandersetzung zwischen den Gerichten und dem Parlament hinsichtlich dieser Justizfreiheit hatte angesichts der gewandelten Rechtsprechung zum Crown Privilege[14] neue Dynamik erhalten. Um einem möglichen Zugriff der Gerichte auf politische Untersuchungshandlungen des Parlaments von vornherein entgegenzutreten, beharrte das Parlament unmißverständlich auf seiner Stellung als High Court of Parliament. Das Select Committee on Procedure führte im Ausschußbericht zur Palarmentsreform des Jahres 1979 unter Bezugnahme auf den gewaltenteilenden Aspekt deutlich dazu

---

[11] Enquete-Kommission Verfassungsreform, Schlußbericht, Deutscher Bundestag, BT-Drs. VII/5924 (1976), S. 70ff.; ausführlich hierzu R. Kipke, S. 183ff. m. w. N.

[12] H. G. Hüsch, „Der aktuelle Regelungsbedarf im Recht der parlamentarischen Untersuchungsausschüsse", in: Bedarf das Recht der parlamentarischen Untersuchungsausschüsse einer Reform?, hrsg. v. U. Thaysen u. S. S. Schüttemeyer, S. 159 ff. (163).

[13] Vgl. oben § 24.

[14] Vgl. oben § 12 (S. 41 ff.).

aus: „it would be quite a different matter if they (Gerichte) were required to consider the relevance of Crown Privilege in an issue which in effect a Select Committee is trying and on which that committee will be required to give judgement. The fact of the matter is that the provision of evidence and the production of papers especially by state institutions has always been, and still is, treated as a *political issue; and that being so, the issue can only be tried within the House.*“[15] Die Reform von 1979 beließ es bei diesem Grundsatz. Gerichtliche Kontrolle über Untersuchungshandlungen findet in England nach wie vor nicht statt.

Was die Einbeziehung der Gerichte in die Ausübung der parlamentarischen Untersuchungsbefugnisse betrifft, so ist die Rechtslage differenziert. Während die Departmental Select Committees auch diesbezüglich unabhängig von den ordentlichen Gerichten sind, sind die Tribunals of Inquiry auf Rechtshilfe angewiesen, allerdings sachlich und örtlich konzentriert beim High Court bzw. Court of Session.[16]

Auch bei der Ausübung des parlamentarischen Untersuchungsrechts in der Bundesrepublik Deutschland wird die politische Natur der Untersuchung, etwa für die Auslegung der sinngemäß anzuwendenden Vorschriften des Strafprozesses, angeführt. Die politische Untersuchung wird allerdings von gerichtlichen Kontroll- sowie Rechtshilfeverfahren überlagert. Diese Überlagerung wirft bereits durch die spezifische Gestaltung der deutschen Gerichtsordnung erhebliche Probleme auf.[17] Die bedeutendsten darunter sind die Spaltung des Rechtsweges und die uneinheitliche örtliche Zuständigkeit der einfachen Gerichte.[18] Dies führt zu einer beklagenswerten Belastung des deutschen parlamentarischen Untersuchungsrechts.[19] Die parlamentarische Kontrolle verliert dadurch an Transparenz. Die Einschaltung der einfachen Gerichte ist für die Öffentlichkeit, in deren Auftrag die Untersuchung als solche geführt wird, schwerlich nachzuvollziehen. Weniger die Aufklärung des politischen Untersuchungsthemas bleibt haften, als vielmehr die Erinnerung an seine „undurchschaubare“ Handhabung. Eine effektive Gestaltung der politischen Untersuchung ist darüber hinaus erschwert: „anyone who wished to obstruct or delay the proceedings would be enabled to take advantage of any supposed technichal breache of the rules for this purpose.“[20]

---

[15] Report from the Select Committee on Procedure (1977-78), H. C. 588-I, Appendix, S. 26.

[16] Vgl. oben § 12.

[17] Zu den „Gefahren der Vergerichtlichung“ vgl. auch H. B. Schneider, Referat zum 57. DJT (1988), Bd. II, S. M 44ff. (M 55).

[18] Vgl. oben § 7.

[19] Das Beweisverfahren des „Neue Heimat“-Ausschusses forderte beispielsweise 24 Gerichtsverfahren heraus, die gegen den Ausschuß und dessen Beweisbeschlüsse angestrengt worden sind bzw. die zur Durchsetzung von Beweisbeschlüssen erforderlich waren. Bis zur Berichterstattung waren insges. 12 gerichtliche Entscheidungen ergangen; vgl. BT-Drs. X/6779, Rdnr. 16.

Verfassungsrechtlich ist die Einschaltung der einfachen Gerichte zur Lösung ihrer Natur nach rein politischer Konflikte aus Gründen des demokratischen Prinzips äußerst bedenklich.[21] Deshalb sollte die gebotene gerichtliche Kontrolle über politische Untersuchungshandlungen ausschließlich dem Bundesverfassungsgericht zugewiesen werden.[22] Dazu verfügt es sowohl über die ausreichende Legitimation als auch über die gehörige Reputation.[23] Auf Rechtshilfe sollten die parlamentarischen Untersuchungsausschüsse des Bundestages nicht mehr angewiesen sein. Vorbildlich könnte insoweit das politische Untersuchungsverfahren der Departmental Select Committees sein, das zwar umfangreiche Zeugniserzwingungsbefugnisse einräumt, ihre Ausübung aber gleichsam an die mehrheitlich getragene Organhilfe bindet.[24]

§ 37 Ein Vergleich: Die Effektivität der „parliamentary watchdogs" und der ad hoc-Untersuchungsausschüsse

Nach Max *Weber* bietet das parlamentarische Untersuchungsrecht „eine Rute, deren Vorhandensein die Verwaltungschefs zwingt, in einer Art Rede zu stehen, die ihre Anwendung unnötig macht".[25] In der Bundesrepublik Deutschland werden die Untersuchungsausschüsse im Einzelfall zur nachträglichen Untersuchung von Unregelmäßigkeiten eingesetzt und auch nur als „gelegentliches Hilfsmittel" gebraucht. Anders dagegen in England, wo mit der Errichtung der Departmental Select Committees die Voraussetzungen einer systematischen und kontinuierlichen Regierungskontrolle geschaffen wurden. In beiden Ländern sind damit verfassungsrechtliche Möglichkeiten gegeben, die Regierung zu Rede und Antwort sowie Rechtfertigung ihrer Verhaltensweise zu zwingen. „Unnötig" wurde die Anwendung des parlamentarischen Untersuchungsrechts in beiden Ländern allerdings nicht.

In der Kontrolleffektivität besteht jedoch ein qualitativer Unterschied. Mit der Reform von 1979 wurde in England ein System der parlamentarischen Regierungskontrolle etabliert, das dem *Weber*schen Ideal deutlich nahekommt. Der tatsächliche Effekt der englischen Kontrollausschüsse liegt nicht nur in dem hohen Aufklärungsgrad einer Einzelfalluntersuchung, sondern darüber hinaus in ihrer präventiven Wirkung: „Every minister and any official in a government

---

[20] Royal Commission on Tribunals of Inquiry (Cmd. 3121), Rdnr. 68.

[21] Zu der Tendenz der Entparlamentarisierung zugunsten des „Richterstandes" vgl. auch: G. Kretschmer, Bedarf es eines Gesetzes für Untersuchungsausschüsse des Deutschen Bundestages, in: DVBl. 1988, S. 811 ff. (817).

[22] Begrüßenswert insoweit § 24 des Entwurfs (BT-Drs. XI/2025) zum „Ausführungsgesetz" zu Art. 44 GG.

[23] Zur Bewährung des BVerfG demnächst: M. Kriele, Grundrechte und demokratischer Gestaltungsspielraum, in: Handbuch des Staatsrechts der Bundesrepublik Deutschland, Bd. 5, hrsg. v. J. Isensee u. P. Kirchhof, Heidelberg 1990.

[24] Vgl. oben § 21.

[25] M. Weber, S. 340 f.

department or an associated public body now knows that there exists a constitutional machinery whereby he *may*, at *any* time, be required to give oral and written evidence in depth, and on the public record, on *any* matter within his public responsibility."[26]

Kritiker des deutschen parlamentarischen Untersuchungsrechts beklagen in der gegenwärtigen Reformdiskussion insbesondere die „diskontinuierlich-unsystematische Kontrolltätigkeit".[27] Die englische Untersuchungspraxis belegt, daß das Risiko der Entblößung durch die kontinuierliche und systematische Arbeit der Departmental Select Committees tatsächlich erhöht ist. Ihre mäßigende Vorauswirkung veranlaßt die Regierung zu einem gesteigerten Maß an Sorgfalt bei der Bewältigung ihrer Aufgaben.

Dabei hat sich in England als sehr hilfreich erwiesen, daß die Arbeit der Ausschüsse in jedem Falle eine unterstützende Funktion für das Plenum besitzt. Die Departmental Select Committees haben nicht in gleichem Maße einen verselbständigten Charakter wie die deutschen Untersuchungsausschüsse gemäß Art. 44 GG.[28] Die Durchführung ihrer Untersuchungshandlung ist zum großen Teil von der Autorität des House of Commons abhängig. Das Plenum bleibt trotz des flexiblen Untersuchungsauftrages und der flexiblen Befugnisse daher deutlicher als Herr der Untersuchung in die Tätigkeit seiner Organe eingebunden als es hier der Fall ist: „The terms of reference of the committees and their powers are extremely flexible and far-reaching. How they are used and how they develop depends primarily on the degree of priority which the House and individual members attach to their work in the structure of parliamentary life."[29]

Die Departmental Select Committees haben sich zu „parlamentarischen Wachhunden" des House of Commons entwickelt, die zwar eine Regierung nicht zu Fall bringen, deren Existenz aber die Ministerien nicht mehr ignorieren können. Die Regierungsmitglieder sind „auf der Hut" vor den sie aufspürenden und das House of Commons jederzeit alarmierenden „parliamentary watchdogs".[30]

Regierungsskandale sind in England anderer Natur als in Deutschland. Die hier eskalierenden Regierungskrisen sind dort kaum anzutreffen. Das Phänomen der „kleinlichen" parlamentarischen Untersuchungen ist mit der Einführung des Departmental Select Committee-Systems und seinen präventiven Vorauswirkungen nicht abschließend erklärt.

England verfügt über ein hohes Maß an politischer Kultur und die Überzeugung, daß eine Demokratie langfristig ohne sie nicht existieren kann.

---

[26] D. Englefield, Commons Select Committees, S. 6.

[27] W. Damkowski, S. 89.

[28] Vgl. oben §§ 2 und 21.

[29] D. Englefield, Commons Select Committees, S. 6.

[30] Ebda., S. 63.

Dieses Bewußtsein ist nicht nur in den staatlichen Institutionen und in der breiten Bevölkerung lebendig, sondern gerade auch in den politischen Parteien. Schon *Weber* pries die „gegenseitige Parteicourtoisie in England, die in anderen Staaten fehlt".[31] Darüber hinaus ist die politische Praxis in England wie in keinem anderen Land der Erde durch Konventionen geprägt, die auch im parlamentarischen Untersuchungsrecht von erheblicher Bedeutung sind.

In der Bundesrepublik Deutschland ist das, was in England Inhalt der Konventionen ist, größtenteils grundgesetzlich normiert. Die Verletzung der Konventionen wird auch in England als verfassungswidrig (unconstitutional) bezeichnet: „When rules such as these become relevant, the actors in their constitutional settings are expected to behave in a particular way. If they do not, they are exposed to the charge of acting unconstitutionally".[32] Nur wird — im Unterschied zur Bundesrepublik Deutschland — die Verfassungswidrigkeit dort nicht durch Gerichte festgestellt.

Die Bezeichnung „unconstitutional" drückt eine öffentliche Kritik höchst moralischer Natur aus: „The term unconstitutionally generally involves the allegation that *a constitutional principle or rule of the behaviour has been infringed.*"[33] Denn Konventionen sind Ausdruck einer „constitutional morality",[34] deren Verletzung zugleich eine Mißachtung des politischen Anstandsgefühls bedeutet.

Konventionen setzen einen übereinstimmenden Geist unter denen, die sie betreffen, über das voraus, was als Ausdruck des politischen Anstandsgefühls Verbindlichkeit beansprucht. In gewissem Sinne muß ein politischer Common sense vorhanden sein. Fehlt er, oder ist er einmal zerstört, ist das politische System gefährdet. Die Geschichte Deutschlands weiß davon zu erzählen. Der zweite Neuanfang in diesem Jahrhundert war von daher stark durch den Rückgriff auf die Form einer noch „rigideren Verfassung" als die des Jahres 1919 geprägt. Doch auch diese Form der Verfassung kann nur der Grundstein sein. Sie ersetzt keineswegs die politische Kultur. Denn — so *Kriele* — „die Stabilität der Demokratie hängt letztlich, wie wir in der Weimarer Republik erfahren haben, vom politischen Klima ab, also davon, wie weit undemokratisches Verhalten als unehrenhaft gilt".[35]

Auch die Untersuchungspraxis in der Bundesrepublik Deutschland erkennt zaghaft die Bedeutung der Konventionen. So erklärte der 1. Untersuchungsausschuß der 10. Wahlperiode — *„Flick"*-Ausschuß — die ungeschriebenen

---

[31] M. Weber, S. 327.

[32] C. R. Munro, S. 37.

[33] Ebda., S. 55.

[34] A. V. Dicey, Introduction to the Study of the Law of the Constitution, 10. Aufl. London 1987, S. 23.

[35] M. Kriele, Das demokratische Prinzip im Grundgesetz, in: VVDStLR, Heft (29) 1972, S. 62.

Verhaltensregeln neben dem Recht zum „Maßstab für die Bewertung des festgestellten Sachverhalts. Denn kein Verfassungsstaat, auch nicht die auf der geschriebenen Verfassung des Grundgesetzes ruhende rechtsstaatliche parlamentarische Demokratie in der Bundesrepublik Deutschland, kann ohne Beachtung solcher ungeschriebenen Verhaltensregeln auskommen".[36]

Aufgefordert bleiben in einem Parteienstaat wie der Bundesrepublik Deutschland die Parteien, im politischen Kampf um die Wählergunst mittels des parlamentarischen Untersuchungsrechtes nicht künstliche Spaltungen des reifenden politischen Common sense der Bevölkerung herbeizuführen. Die politischen Parteien stehen diesbezüglich in einer besonderen Pflicht.

§ 38 Über die Berichterstattung

Der Untersuchungsausschuß beendet seine Tätigkeit mit der Abfassung und Vorlage eines Untersuchungsberichtes. Nach § 66 Abs. 2 GeschO BT müssen die Untersuchungsberichte auch die Ansicht der Minderheit enthalten. Darüber hinaus bietet § 23 S. 2 IPA-Regeln jedem einzelnen Abgeordneten die Möglichkeit, sein Sondervotum in der Form des abweichenden Berichtes abzugeben.[37]

Durch unterschiedliche Untersuchungsberichte zum selben Untersuchungsthema besteht die Möglichkeit, Versionen desselben Beweisthemas in Feststellung und Wertung der Öffentlichkeit bekanntzugeben. In solchen Fällen bleibt allerdings die vom Ausschuß zu untersuchende Angelegenheit auch nach der Beendigung des Untersuchungsverfahrens zwischen der parlamentarischen Mehrheit und Minderheit umstritten.[38] In der Öffentlichkeit entsteht der Eindruck eines „Hornberger Schießens":[39] die Untersuchung sei ergebnislos verlaufen, da die unterschiedlichen Versionen zum Beweisthema auch nach der Berichterstattung immer kontrovers geblieben seien. Ironisierend ist vom „Papiertiger"[40] die Rede.

In der Öffentlichkeit wird ferner ein „fortlaufender Verfall des Instituts"[41] beklagt, als es sich anschicke, einem unsachlichen parteipolitischen Propagandakampf zu dienen. Die Untersuchungsberichte enthalten tatsächlich gegensei-

---

[36] BT-Drs. X/5079, Rdnr. 414.

[37] Vgl. oben § 3 (S. 18).

[38] Eine dem § 30 Abs. 2 BVerfGG vergleichbare Regelung, die zwar ebenfalls dissenting und occurring opinions zuläßt, aber gleichsam die mit der Autorität der Mehrheit gefundene Entscheidung nicht in Frage stellt, fehlt angesichts der politischen Natur im Recht der parlamentarischen Untersuchungsausschüsse.

[39] V. Behnke, 25 Jahre „Hornberger Schießen" — Geschichte der parlamentarischen Untersuchungsausschüsse, in: Die Entscheidung, 1973, Nr. 8, S. 20ff.

[40] H. Rausch, Parlamentsreform, Tendenzen und Richtungen, in: ZfP, 1967, S. 259ff. (285).

[41] H. Ridder, Untersuchungsausschuß, in: Staatslexikon, Bd. 7, 6. Aufl. Freiburg 1962, Sp. 1170ff. (1173)

tige Vorhaltungen dieser Art. Beispielsweise bezeichnet der Minderheitenbericht des *„Neue Heimat"*-Ausschusses den Untersuchungsausschuß selbst „als eine Wahlkampfveranstaltung, als die er von vorneherein geplant und angelegt war"[42]. In den Anmerkungen der Mehrheitsfraktionen zum Minderheitenvotum des *„Flick"*-Ausschusses heißt es, „darüber hinaus versucht die Minderheit, durch einseitige unmißverständliche Darstellung davon abzulenken, daß der Flick-Konzern auf die damalige Regierung Einfluß zu nehmen versucht hat.[43]

Die unterschiedlichen Abschlußberichte nehmen darüber hinaus kritisch aufeinander Bezug. Exemplarisch hierfür ist die Berichterstattung zum *„Flick"*-Ausschuß. So bewertete der Mehrheitsbericht: „Die schwerwiegenden Vorwürfe, die von Teilen der öffentlichen Meinung (z. B. die gekaufte Republik) erhoben wurden und die zur Einsetzung des Untersuchungsausschusses führten, haben sich nicht bestätigt."[44] Demgegenüber hält das Minderheitenvotum die Bewertung der Ausschußmehrheit für „verharmlosend. Sie (die Mehrheit) vernachlässigt und verniedlicht...".[45] Die Abgeordneten der Mehrheit hielten dagegen: „die Bewertung (der Minderheit) hat in weiten Teilen weder etwas mit dem Untersuchungsauftrag noch mit dessen Untersuchung und gar mit dessen Feststellung zu tun".[46] Im abweichenden Bericht ist ausgeführt, „... daß sie (die Mehrheit) an einer rückhaltlosen Aufklärung des Sachverhalts im Sinne des Untersuchungsauftrages nicht interessiert war".[47] Dagegen verwahrten sich einzelne Abgeordnete der Mehrheitsfraktion: „sein (des Abgeordneten) abweichender Bericht zeigt, daß er den Gegenstand seiner zusätzlichen ‚Feststellung' und Bewertungen ausschließlich an dem von seiner Fraktion formulierten Untersuchungsauftrag ausrichtete".[48]

Im Ergebnis bleibt festzuhalten, daß durch die Praxis derartiger Berichterstattung das Ansehen des Untersuchungsausschusses insgesamt leidet. Zugleich nimmt das Ethos der Mehrheits- und Minderheitsfraktionen, insbesondere ihrer Objektivität, Schaden und verleitet sie, wenn ein einheitliches Votum nicht erreichbar ist, zu einer beschönigenden bzw. verschlimmernden Version. Daß im Rahmen dieser Praxis darüber hinaus das öffentliche Ansehen des demokratischen Staates gefährdet ist, dokumentiert der abweichende Bericht zum *„Flick"*-Ausschuß: „mit großem Pathos wurde beschworen, die Republik sei nicht käuflich. ...das Agieren des Flick-Konzerns, die Einnistung seiner Lobby in Parteien und politischen Institutionen ... sind keineswegs eine exotische Ausnahmeerscheinung, sondern symptomatisch für eine gesellschaftliche Fehl-

[42] BT-Drs. X/6779, S. 212.
[43] BT-Drs. X/5079, S. 301.
[44] Ebda., S. 271.
[45] Ebda., S. 297.
[46] Ebda., S. 301.
[47] Anlage 1 zu BT-Drs. X/5079, S. 12.
[48] Anlage 2 zu BT-Drs. X/5079, S. 2.

entwicklung in sehr viel größeren Dimensionen."[49] Mißtrauisch ist vom „Wohlfahrtsausschuß"[50] die Rede.

Schließlich ist in der Praxis der Veröffentlichung die Verletzung von Privat-, Geschäfts- und sonstigen Geheimnisinteressen zu beklagen, obwohl die Offenlegung nicht erforderlich war.[51]

Minderheitenberichte und damit unterschiedliche Versionen zum selben Untersuchungsthema sind grundsätzlich auch im englischen parlamentarischen Untersuchungsverfahren zulässig. Sie bleiben aber die Ausnahme. Wegen der historischen Erfahrung erlegen sich die Abgeordneten im Ausschuß eine Selbstbeschränkung auf. Darüber hinaus sind die unterschiedlichen Voten zum selben Beweisthema kraft Konvention nicht Gegenstand der Kritik.[52] Es werden — falls geboten — Alternativen von Feststellung und Wertung der Öffentlichkeit vorgetragen. Das öffentliche Ansehen des Ausschusses sowie das Ethos der Mehrheits- und Minderheitsfraktionen werden damit respektiert. Das Sidelining-Verfahren[53] hat bisher zu keinen Klagen über Indiskretionen geführt.

Durch diese Praxis gewinnen die englischen Untersuchungsausschüsse an Autorität, was die Stellung des Parlaments gegenüber der Regierung insgesamt stärkt, insbesondere die individuelle ministerielle Verantwortlichkeit (Individual Ministerial Responsibility) aktualisiert. Vor diesem Hintergrund erklärt *Marshall* den Rücktritt des in die Westland-Affäre verwickelten Wirtschaftsministers: „We do not know exactly whether Mr. Brittan insisted on resigning or was told to do so. But he seems to have abandoned when political and Parliamentary criticism of his action persisted."[54]

Die Übernahme dieser Konventionen in das deutsche parlamentarische Untersuchungsrecht ist geboten. Der Ausschußarbeit käme damit ein ihr gebührender Stellenwert zu. Welch hoher Aufwand bis zur Berichterstattung erfolgt, belegen die Zahlen zum *„Flick"*-Ausschuß: Er trat 85 mal zusammen. 66 Sitzungen dienten der Beweisaufnahme. Die Vernehmungen erstreckten sich auf insgesamt 321 Stunden und sind auf fast 11.500 Seiten Protokollniederschrift festgehalten. Die beigezogenen Akten haben einen Gesamtumfang von mehr als 100.000 Blatt.[55] Angesichts dieser achtenswerten Fakten sollten die Mitglieder der Ausschüsse ihr Arbeitsethos nicht selbst durch gegenseitige Kritik ihrer Berichte in Frage stellen. Sie reden damit außenstehenden Kritikern des parlamentarischen Untersuchungswesens bezüglich der Disproportionalität von Aufwand und Ergebnis — wie dem preußischen Innenminister Graf

---

49 Anlage 1 zu BT-Drs. X/5079, S. 68.

50 F. J. Strauß, Frankfurter Allgemeine Zeitung, Magazin vom 1. März 1985, S. 15.

51 Vgl. hierzu H. G. Hüsch, S. 169ff.

52 Vgl. oben § 20 (S. 63); T. E. May, S. 650ff.

53 Vgl. oben § 20 (S. 62).

54 G. Marshall, Constitutional Conventions, S. 224.

55 BT-Drs. X/5079, S. 4.

Eulenberg — zu pauschal das Wort, der „zweckmäßigerweise" forderte, „der einsetzenden Minderheit von vornherein das Recht zu geben, ihre Ansichten in 100.000 Exemplaren im Lande zu verteilen, um dasselbe zu erreichen, was sie durch Einsetzen der Kommission erreichen wollte, und die Kommission infolgedessen nicht einzusetzen".[56]

§ 39 Über das Untersuchungsrecht der 2. Kammer

Beide Vergleichsländer verfügen mit dem Bundesrat und dem House of Lords über je eine 2. Kammer, die an der Erfüllung der Staatsaufgaben mitwirkt. In der Ausgestaltung ihrer Legitimation vervollkommnen beide Kammern das demokratische Prinzip[57] in den jeweiligen Ländern. *Stern* erklärt die föderative Legitimation des Bundesrates aus der Idee der gemischten Verfassung.[58]

Die gemischte Verfassung in Englang besteht aus den klassischen Elementen: Monarchie, Aristokratie und Demokratie. Sie waren traditionell immer staatlichen Institutionen zugeordnet. Das House of Lords verkörpert seit Anbeginn seiner Existenz das aristokratische Prinzip.[59] Die Verbindung von Besitz und parlamentarischer Repräsentanz stellt den Ursprung aller Versuche dar, die Machtvollkommenheit des Monarchen einzuschränken. Über das Erblichkeitsprinzip,[60] das auch die Peerswürde umfaßte, erfuhr die Aristokratie eine weitere Stärkung zur Unabhängigkeit und trug damit entscheidend zur Entwicklung der Gewaltenteilung in England bei.[61] Auch im House of Commons blieb der Besitz bis zur großen Wahlrechtsreform des Jahres 1832 Grundlage dieser Entwicklung.[62] Mit der schrittweisen Vervollkommnung der Idee der Volksrepräsentanz im 19. und 20. Jahrhundert wurde zwar das aristokratische Gewicht in der Leitung der Staatsgeschäfte gleichsam zurückgedrängt,[63] aber bis zum heutigen Tage niemals vollständig aufgehoben.

---

[56] Zitiert bei: W. Steffani, Die Untersuchungsausschüsse des Preußischen Landtages, S. 309.

[57] Vgl. hierzu: M. Kriele, Das demokratische Prinzip im Grundgesetz, S. 46ff.

[58] K. Stern, Staatsrecht der Bundesrepublik Deutschland, Bd. I, 2. Aufl. München 1984, S. 735ff.

[59] O. H. Phillips u. P. Jackson, S. 156ff.

[60] Zu den Vorzügen des Erblichkeitsprinzips vgl. C. Schmitt: „Das aus Wahlen hervorgehende Abgeordnetenhaus ist ein Repräsentant der wechselnden öffentlichen Meinung; das auf Erblichkeit beruhende Oberhaus, Repräsentant der Dauer und Kontinuität." Verfassungslehre, S. 293.

[61] "Die Aristokratie ist in gewissem Sinne Staatsform. Sie wird in der Lehre von der gemischten Verfassung immer als eine besonders empfehlenswerte Form behandelt, weil sie in der Mitte zwischen Monarchie und Demokratie steht und daher schon in sich eine Mischung enthält." C. Schmitt, S. 218.

[62] Representation of the People Act, 2 & 3 Will. 4, c. 45.

[63] Vgl. hierzu: I. Fetscher, Großbritannien, S. 108ff.

Mit dem Life Peerages Act aus dem Jahre 1958 ist die Möglichkeit geschaffen, die Peerswürde nur auf Lebenszeit zu verleihen.[64] Zum „Life Peer“ kann danach — im Ansatz vergleichbar der Regelung zur Besetzung des Preußischen Herrenhauses[65] — berufen werden, wer sich um das Vaterland verdient gemacht hat. Auf dieser Grundlage können Menschen wegen ihres Ansehens, ihrer Leistung, ihres Mutes — unabhängig von ihrem Geschlecht, der Zugehörigkeit zu einer Partei oder einer Berufsgruppe und unabhängig von ihrer Stellung im sozialen Leben — zum Wohle aller politisch in die Pflicht genommen werden. Das Vorschlagsrecht zur Verleihung der Peerswürde besitzt der jeweilige Premierminister. Die Ernennung erfolgt auch weiterhin durch den Monarchen. Im Ergebnis führt die eigentümliche Legitimation der 2. Kammer in den Vergleichsländern zu einer Abschwächung der parteipolitischen Dominanz, wie sie in den Repräsentantenkammern herrscht.

Der Bundesrat ist weniger parteipolitisch geprägt.[66] Die Ländervertreter sind zwar regelmäßig auch Parteimitglieder. Nur in wenigen Ländern sind parteilose Persönlichkeiten zu Regierungsmitgliedern bestellt. Fraktionen kennt der Bundesrat allerdings nicht. Nach *Maunz* ist es den Bundesratsmitgliedern durch das Verbot des „Parteienbundesstaates“ rechtlich versagt, Fraktionen zu bilden.[67] Eine Fraktionsbildung der Ländervertreter ist auch faktisch kaum möglich, da die Stimmen gemäß Art. 51 Abs. 3, S. 2 GG nur einheitlich zählen. Das Abstimmungsverhalten der Bundesratsmitglieder ist nicht strikt an die Zugehörigkeit zu einer parlamentarischen Partei gebunden. Schließlich hat auch die Praxis in der parlamentarischen Arbeit des Bundesrates gezeigt, daß ein Abweichen von der „Parteilinie“ durchaus üblich ist.[68]

Auch im House of Lords ist das Parteienelement — im Gegensatz zum House of Commons — von untergeordneter Bedeutung. Parteilos sind wegen ihrer richterlichen Funktion die 21 Law Lords. Sie sind „Life Peers“ nach dem Appelate Jurisdiction Act[69] aus dem Jahre 1876 und sprechen für das House of Lords in seiner Eigenschaft als oberstes Rechtsmittelgericht des Landes Recht. Ohne Parteizugehörigkeit sind auch die 26 geistlichen Lords der Church of England. Im Unterschied zu allen anderen Lords ist ihr Sitz von der Innehabung eines bestimmten Amtes, nämlich eines hohen Kirchenamtes in der Staatskirche

---

64 6 & 7 Eliz. 2, c. 21.

65 Art. 65 der revidierten Verfassung für den Preußischen Staat v. 31.1.1850 (PrGS 1850, S. 17-35) sowie Verordnung wegen Bildung der Ersten Kammer vom 12.10.1854 (PrGS 1854, S. 541-544).

66 Im Ergebnis einhellige Ansicht, in dem Grad der Abweichung aber unterschiedliche Auffassungen auf dem Symposion aus Anlaß des 40jährigen Bestehens des Bundesrates; nachzulesen in: 40 Jahre Bundesrat, Tagungsband zum wissenschaftlichen Symposion in der Ev. Akademie Tutzing vom 11.-14.04.1989, hrsg. vom Bundesrat, Baden-Baden 1989.

67 Maunz/Dürig/Herzog/Scholz, Art. 51, Rdnr. 24.

68 G. Ziller, Der Bundesrat, 4. Aufl. Düsseldorf 1973, S. 95 ff.

69 39 & 40 Vict., c. 59.

von England, abhängig.[70] Von den verbleibenden 792 „Heriditary Peers" (Erbadlige)[71] und 347 „Life Peers" hatten in der Session 1987/88 insgesamt nur 855 Lords Sitz und Stimme. Sie verteilen sich nach Parteizugehörigkeit folgendermaßen:[72]

418 Conservative Lords,
136 Labour Lords,
41 Liberal Lords,
41 Lords der Social Democratic Party.

Es verbleiben 219 Lords mit Sitz und Stimme, die sich keiner Partei näher zugehörig fühlen. Sie werden als „Cross Benchers" bezeichnet und nehmen eigens auf der für sie zur Verfügung gestellten „Cross Bank" im House of Lords ihren Sitz ein.[73] Damit wird äußerlich sichtbar gemacht, daß im House of Lords das Querdenken einen institutionalisierten Platz finden soll.

Tatsächlich bindet die Art der Zusammensetzung des House of Lords anerkannte Experten auf allen Gebieten in die parlamentarische Aufgabenerfüllung ein. Das Niveau der parlamentarischen Debatten sowie der Ausschußarbeit ist durch außerordentlichen Sachverstand und ein solches Maß an politischer Reife geprägt,[74] daß — bis auf die Cromwell-Epoche — alle Versuche,[75] das House of Lords gänzlich abzuschaffen, wegen des Widerstandes auch im Lande scheitern mußten.

Bundesrat und House of Lords stellen so Alternativen zu den parteipolitisch geprägten Repräsentantenkammern dar.[76] Damit verfügen sie über eine Struk-

---

[70] Die Erzbischöfe von Canterbury und York sowie die Bischöfe von London, Durham und Winchester sind ex officio Mitglieder des House of Lords. Die verbleibenden 21 Sitze werden auf die Diözesanbischöfe dem Rangalter entsprechend verteilt. Nordirland und Wales verfügen über keine eigenständige Kirche. Die Church of Scotland entsendet keine Vertreter in das House of Lords; O. H. Phillips u. P. Jackson, S. 158.

[71] In den ersten acht Jahrzehnten des 20. Jh. wurde die Stellung der erblichen Lords heftig kritisiert mit der Folge, daß erst seit 1983 29 neue Erbadlige in das House of Lords berufen wurden (First Creation). Von den Peers der zweiten und vorhergehenden Generation bilden viele eine auserlesene Gruppe, die in langer Familientradition Amtsträger öffentlicher Dienste sind; O. H. Phillips u. P. Jackson, S. 160 f.

[72] Aus: C. F. Padfield u. A. Byrne, S. 57.

[73] Wie im House of Commons, so gibt es auch bei den Lords je eine Regierungsbank und eine gegenübergesetzte Oppositionsbank. Im Unterschied zum House of Commons gibt es im House of Lords eine quer zu diesen beiden Reihen stehende Bank, die sog. „Cross Bank".

[74] D. Englefield, Whitehall and Westminster, London 1985, S. 101 ff.

[75] Der letzte Versuch ging von der Labour Party im Jahre 1978 aus. Sie erhob die Abschaffung des House of Lords zum Parteiprogramm. Doch blieb ihr keine ausreichende Zeit, diesen Punkt zu verwirklichen. 1979 übernahmen die Konservativen die Regierungsgeschäfte; C. F. Padfield u. A. Byrne, S. 61 f.

[76] Zum Bundesrat als ergänzende Alternative des Bundestages: Abg. Lehr, Parlamentarischer Rat, 10. Sitzung vom 8. Mai 1949, S. 201.

tur, die — zumindest für gewisse parlamentarische Untersuchungen — von unschätzbarem Wert sein kann. Tatsachenfeststellung und Wertung wären weniger beeinflußt durch parteipolitische Überlegungen. Die Untersuchungsberichte der 2. Kammer hätten eine andere Qualität: Sie wären in ihrer Feststellung und Wertung eindeutig. Der parteipolitische Zwist hätte weniger die Chance, sich durch die unterschiedlichen Beurteilungen in den Untersuchungsberichten und in der darauffolgenden Debatte in der Öffentlichkeit fortzusetzen. Verlorengegangenes Vertrauen in die Integrität staatlicher Institutionen könnte in geeigneter Form wiederhergestellt werden.

Diese Chance wird in England bedingt genutzt. Nach der Lehre der sog. Implied Powers sind in England beide Häuser grundsätzlich auch zur Wahrnehmung parlamentarischer Kontrollaufgaben und damit zur Durchführung parlamentarischer Untersuchungen berechtigt.[77] Ähnlich der Verfassungslage in der Bundesrepublik Deutschland besteht auch in England die parlamentarische Verantwortlichkeit der Regierung nahezu vollständig nur gegenüber der unmittelbar gewählten Kammer. Weder Einsetzung noch Bestand der Regierung sind vom House of Lords abhängig.[78] Allerdings ist — im Gegensatz zur Verfassungssituation in der Bundesrepublik[79] — die personale Verschränkung nicht durch Inkompatibilitätsvorschriften ausgeschlossen, so daß die Regierungsmitglieder aus dem House of Lords über ihre Zugehörigkeit zu der zweiten Kammer sich dieser gegenüber in gewissem Umfang zu verantworten haben.

Die Kontrolle ist aber entsprechend dem Funktionsverlust durch die Parliament Acts[80] aus den Jahren 1911 und 1949 in ihrer Intensität geringer als die durch das House of Commons.[81] Doch im Unterschied zum Bundesrat ist das House of Lords durch den Tribunals of Inquiry Act aus dem Jahre 1921 zumindest noch theoretisch in gleichem Maße an der parlamentarischen Untersuchung beteiligt wie das House of Commons.[82] Faktisch spiegelt sich die de lege lata bestehende Gleichberechtigung durch den Nichtgebrauch dieser besonderen Untersuchungstribunale in der jüngsten Zeit aber nicht wider. Es hat sich vielmehr durch die Einführung des Departmental Select Committee-Systems eine Vorherrschaft der parlamentarischen Kontrolle mittels Einsetzung von Untersuchungsausschüssen im House of Commons eingestellt.[83] Doch wegen der verbleibenden Restverantwortlichkeit der Regierung auch gegenüber dem House of Lords wäre die Einsetzung parlamentarischer Untersuchungsausschüsse durch diese Kammer keineswegs systemwidrig. Das House of Lords

---

77 O. H. Phillips u. P. Jackson, S. 157.

78 Ebda., S. 160.

79 I. v. Münch, Art. 66, Rdnr. 4; vgl. aber auch Herzog, in: Maunz/Dürig/Herzog/Scholz, Art. 66, Rdnr. 39ff.

80 1 & 2 Geo. 5, c. 29 und 12, 13, & 14 Geo. 6, c. 103.

81 K. Löwenstein, S. 256ff.

82 Vgl. dazu oben § 9.

83 Vgl. oben § 14.

bewegt sich mangels strikter verfassungsrechtlicher Vorschriften hier auf einem politisch sehr ambivalenten Gebiet. In der jüngeren verfassungsgeschichtlichen Zeit hat es ein parlamentarisches Selbstverständnis entwickelt, wonach ihm sog. „supplementary functions" zustehen.[84] Denjenigen Bereich der politischen Arbeit, den das House of Commons nicht wahrnimmt, beansprucht das House of Lords für sich. Dies wirkt sich auch auf die parlamentarische Untersuchung aus. Gegenwärtig gibt es zwei Select Committees, die in etwa mit den Departmental Select Committees des House of Commons vergleichbar sind: Das Science and Technology Committee und das European Committee.[85]

Das Science and Technology Committee wurde erstmalig in der Session 1979/80 eingesetzt, „to consider science and technology".[86] Die Einsetzung eines solchen Ausschusses auf sessionaler Basis war eine direkte Antwort auf das etablierte Departmental Select Committee-System im House of Commons. Denn ein vergleichbarer Ausschuß war nach der Reform aus dem Jahre 1979 nicht mehr vorgesehen, und so zog das House of Lords diese Funktion an sich.[87]

Die Gründe für die Einsetzung eines Select Committee on the European Communities waren anderer Natur. Dieser Ausschuß wurde erstmalig im Mai 1974 eingesetzt, „to consider and report on European Legislative and Policy Proposals".[88] Er steht in unmittelbarem Zusammenhang mit dem Beitritt Englands zu den Europäischen Gemeinschaften. Wegen des Funktionszuwachses der Regierung im Rahmen der Gemeinschaftsgesetzgebung sollte die Regierungspolitik, insbesondere ihr Einfluß auf den europäischen Entscheidungsprozeß, untersucht werden. Das House of Lords übertrug — im Gegensatz zum House of Commons — die Untersuchung des Regierungsverhaltens in bezug auf europäische Angelegenheiten einem besonderen Select Committee.[89]

Beide Select Committees sind ad hoc-Ausschüsse und werden seit ihrer erstmaligen Errichtung regelmäßig zu Beginn einer Session eingesetzt.[90] Sie haben die klassischen parlamentarischen Untersuchungsrechte des „to send for persons, papers and documents". Die Ausschüsse können also jederzeit Zeugen laden und Akten herausverlangen, auch ohne daß ihnen eine derartige spezielle Beweiserhebungsbefugnis seitens des Hauses übertragen wurde. Anders als bei den Untersuchungsausschüssen des House of Commons müssen diesen Select Committees die Beweiserhebungsbefugnisse nicht ausdrücklich übertragen werden.[91] Gewöhnlich findet die Beweiserhebung aufgrund einer bloßen Bitte

---

[84] E. Englefield, Whitehall and Westminster, S. 107.

[85] G. Drewry, The New Select Committees, S. 37ff.

[86] H. L. Debs., 23. January 1980, col. 441.

[87] Report from the Select Committee on Procedure (1979-80), H. L. 97, S. 1.

[88] H. L. Debs., 10 April 1974, cols. 1229-33.

[89] G. Drewry, The New Select Committees, S. 38.

[90] T. E. May, S. 644.

[91] Ebda., S. 646.

(request) des Ausschusses statt, doch falls es nötig sein sollte, kann — vergleichbar dem House of Commons — eine „order" des Hauses den Zeugniszwang auslösen.[92] Darüber hinaus steht auch den Select Committees im House of Lords die Befugnis zu, Sachverständige heranzuziehen.[93] Das Verfahren in den Ausschüssen entspricht dem der Departmental Select Committees.[94]

Die Untersuchungsberichte des Wissenschaftsausschusses und des Europäischen Ausschusses haben eine hohe Reputation.[95] Sie gelten als gut recherchiert sowie parteipolitisch unbeeinflußt. Obschon die Untersuchungsthemen nicht die gleiche politische Brisanz entfalten wie die ihrer Gegenüber im House of Commons, so geben doch auch die Select Committees des House of Lords nennenswerte politische Impulse: „In addition to the style and subject of inquiries, the select committees have also enhanced their influence by maintaining a degree of political momentum, both in the initial inquiry and thereafter."[96]

In der Bundesrepublik Deutschland wird die Chance der parlamentarischen Untersuchung durch die zweite Kammer nicht genutzt. Die ständigen Fachausschüsse des Bundesrates haben zwar gemäß § 40 Abs.3 GeschO BR die Befugnis, öffentliche Anhörungen durchzuführen. Doch weitergehende Beweiserhebungsrechte, die ihnen nur kraft Gesetzes zustehen könnten, bestehen nicht. Ein Untersuchungsrecht des Bundesrates wird unter Hinweis auf die ausdrückliche Zuweisung des parlamentarischen Untersuchungsrechts als Angelegenheit des Bundestages mit dem argumentum e contrario überwiegend abgelehnt.[97] Anderer Ansicht ist *Herzog*, der aus der geschichtlichen Entwicklung des Untersuchungsrechtes die Schlußfolgerung zieht, daß auch der Bundesrat Untersuchungen durchführen könnte.[98] Aber auch nach ihm hätten die Untersuchungsausschüsse des Bundesrates de lege lata nur Amtshilferechte zur Verfügung.

Der Bundesrat könnte aus diesem Grunde nur über eine Grundgesetzergänzung dem House of Lords vergleichbare Untersuchungsbefugnisse ausüben. Da im Bundesrat parteipolitische Instrumente weniger vorherrschend sind als im Bundestag, bestünde die Chance, nicht an mangelnder Objektivität leidender und eindeutiger Untersuchungsberichte.

---

[92] Ebda., S. 647.

[93] T. E. May, S. 648.

[94] Ebda., S. 646ff.

[95] D. Englefield, Whitehall and Westminster, S. 109.

[96] G. Drewry, The New Select Committees, S. 51.

[97] v. Mangoldt/Klein, Art. 52, Anm. III 4a.

[98] R. Herzog, Der Bundesrat als politisches Führungsorgan?, in: BayVBl. 1966, S. 181ff. (184).

§ 40 Über die Minderheitenrechte im Beweisverfahren

Minderheitenrechte begrenzen das parlamentarische Mehrheitsprinzip im Ausschuß.[99] Seit jeher werden daher die parlamentarischen Untersuchungsausschüsse von der Sorge begleitet, die Abwägung von Mehrheits- und Minderheitsinteressen könnte zu keinem gerechten Ausgleich führen.[100]

Daß der Ausgleich der Minderheits- und Mehrheitsinteressen in den Vergleichsländern unterschiedlich geregelt ist, versuchte die Arbeit aufzuzeigen. In England wird angesichts der „Irischen Frage" des ausgehenden 19. Jahrhunderts die Mißbrauchsgefahr ausgeprägter Minderheitenrechte in den Vordergrund gerückt.[101] Minderheitenrechte bestehen formal nur im Berichtsstadium.[102] Einen gewissen Ausgleich für ihr Fehlen im Einsetzungsverfahren schafft die kontinuierlich-systematische Untersuchungstätigkeit der Departmental Select Committees.[103] Aufgrund einer Konvention wird der Parteienproporz des House of Commons auch in der Besetzung seiner Untersuchungsausschüsse zugrundegelegt.[104] Schließlich hat die offizielle Opposition (Her/His Majesty's Opposition) in einigen Ausschüssen den Vorsitz inne, der wegen des casting vote von besonderer Bedeutung ist.[105]

Hier werden die Gefahren des Mehrheitsprinzips wegen der in Deutschland diskontinuierlich verlaufenen demokratischen Entwicklung hervorgehoben. Entsprechend ausgeprägt sind — im Vergleich zu England — die Minderheitenrechte im Recht der parlamentarischen Untersuchung. Sie führen von der Einsetzung über das Beweisverfahren bis hin zur Berichterstattung.[106] Nach herkömmlicher Meinung schließen die Minderheitenrechte eine Lücke, die durch die Aufhebung des klassischen Dualismus der konstitutionellen Monarchie mit der Einführung des parlamentarischen Regierungssystems entstanden ist. Durch die Ausgestaltung als Minderheitenrecht erfahre die parlamentarische Untersuchung ihre eigentliche Rechtfertigung.[107]

---

99 M. Schröder, S. E 99.

100 J. Redlich, Geist und Technik des englischen Parlamentarismus, S. 187ff.; H. Wollmann, S. 21 ff.; D. Kellner, Parlamentarische Obstruktion, Z Parl. 17 (1986), S. 433ff.

101 Vgl. hierzu: J. Redlich, S. 162ff.

102 Vgl. oben § 20 (S. 63).

103 Vgl. oben § 18 (S. 58).

104 Vgl. oben § 19 (S. 59).

105 Vgl. oben § 19 (S. 60).

106 Vgl. oben § 3.

107 Im Jahre 1923 versuchte W. Lewald den Vorschlag Webers hiermit verfassungsrechtlich zu motivieren; Enquêterecht und Aufsichtsrecht. Eine verfassungskritische Studie, in: AöR 1923, S. 269ff. (320); kritisch zu dieser „Vergeistigungsvorstellung": K. Heck, S. 30; W. Steffani, Parlamentarische und präsidentielle Demokratie, S. 199.

Aus diesem Wandel wird in der gegenwärtigen Reformdiskussion teilweise als „logische Konsequenz“[108] und zur „Effektivierung des demokratischen Prinzips“[109] ein Ausbau der Minderheitenrechte gefordert. Hierbei wird jedoch verkannt, daß Regierungen zu Zeiten der konstitutionellen Monarchie — im Unterschied zu Ausschußmehrheiten der parlamentarischen Demokratie — keine Legitimation durch Wahlen hatten. Soweit sich Befürworter eines Ausbaus auf Max *Weber* als den Initiator des „Minoritätsrechts“ im Recht der parlamentarischen Untersuchung berufen, ist es zwar zutreffend, daß er es als „unbedingt“ erachtete, „um gegen jede künftig einmal mögliche Mehrheitswirtschaft und ihre bekannten Gefahren jenes Gegengewicht der Publizität zu bieten, welches in anderen Staaten fehlt.“[110] Allerdings richtete sich seine Kritik gegen „jene Mehrheitswirtschaft“ des zusammenbrechenden deutschen Kaiserreiches. Gegen einen Ausbau der Minderheitenrechte sprechen vor allem die Erfahrungen der Weimarer Republik mit diesem Institut[111] wegen „jener“ politischen Verfassungsstrukturen, die denen der Bundesrepublik Deutschland vergleichbarer sind.

Die de lege lata bestehenden Minderheitenrechte betreffend, ist in der Abwägung der Interessen von Mehrheit und Minderheit vor allem zu berücksichtigen, welche Auswirkungen der erreichte Ausgleich für die Aufklärung der Öffentlichkeit hat, in deren Namen politische Untersuchungen vom Parlament geführt werden, da sie durch die Öffentlichkeitsfunktion ihre ausschließliche Legitimation erfahren.[112] Nach *Schröder* „entziehen (sich) Verletzungen durch Obstruktionsabsichten und -verfahrensweisen einer generalisierenden Vorausschau“[113] auch im Untersuchungsverfahren. Aus Gründen der Reziprozität muß daher derjenige, der die Gefahren des Mehrheitsprinzips hervorhebt — „unbequeme Beweisanträge einer Minderheit unter Berufung auf ihre angebliche Überflüssigkeit, Bedeutungslosigkeit, Ungeeignetheit, Unerreichbarkeit oder ihrem Verschleppungscharakter abzulehnen“[114] — diesen umgekehrt die Mißbrauchsgefahr der Minderheitenrechte gegenüberstellen.

Hier stehen Gefahren der mißbräuchlichen Machterhaltung denen der mißbräuchlichen Machterlangung gleichwertig gegenüber. Die Beweisführungsstrategie der Mehrheit könnte unter gleichen Vorbehalten stehen wie die

[108] G. Laage u. L. Strube, Das Untersuchungsrecht als Minderheitsrecht, in: Zwischen Aufklärung und politischem Kampf, hrsg. v. U. Bachmann u. H.-P. Schneider, S. 9ff. (11).

[109] H.-P. Schneider, Die parlamentarische Opposition im Verfassungsrecht der Bundesrepublik Deutschland, Bd. I, Frankfurt a. M. 1974, S. 410.

[110] M. Weber, S. 359.

[111] Vgl. oben § 3 m. w. N.

[112] Soweit ersichtlich, einhellige Auffassung. Vgl. statt vieler F. Schäfer, Der Untersuchungsausschuß (I): Kampfstätte oder Gericht, in: Z Parl. 1974, S. 496ff. (496); M. Schröder, S. E 96ff. m. w. N.

[113] M. Schröder, S. E 102.

[114] Ebda., S. E 113.

der Minderheit. Aus diesem Grunde soll an dieser Stelle der gegenwärtige Ausgleich von Mehrheits- und Minderheitsinteressen nicht an der Gewichtung der gegensätzlichen Gefahren, sondern ausschließlich an der Effektivität des Untersuchungsverfahrens gemessen werden.

Denn die Öffentlichkeitsfunktion der politischen Untersuchung gebietet größtmögliche Aufklärung und damit Effektivität insbesondere des Beweisverfahrens: „Was auch immer ... überlegt wird: die Effizienz der Untersuchungsverfahren darf nicht eingeschränkt werden."[115] Dieses Ziel ist aber seit der *Flick*-Entscheidung des Bundesverfassungsgerichtes gefährdet.[116] Streitigkeiten über den effektiven Weg einer Aufklärung müssen danach nicht mehr nach dem parlamentarischen Mehrheitsprinzip ausschußintern ausgetragen werden. Sie können im Rahmen eines Organstreitverfahrens vor dem Bundesverfassungsgericht geführt werden. Welche der beiden Seiten auch immer die bessere Beweisführungsstrategie hatte: Für jeden, einschließlich der zu kontrollierenden Bundesregierung, wird die Führung der Untersuchung mit der notwendig gewordenen Offenbarung nach außen berechenbar. Die Bundesregierung ist verleitet — in strikter Orientierung an der *Flick*-Entscheidung — ihre Interna von vorneherein derart in den exekutiven Kernbereich zu verlegen, daß sie einer nachträglichen Aufklärung auch bei Vorliegen realer Anhaltspunkte für Ungesetzlichkeiten im Kernbereich verborgen bleiben. Für die Öffentlichkeit ist damit aber die Gefahr von Aufklärungsdefiziten gesetzt. Diese Gefahr nimmt mit der Präjudizienbildung zum exekutiven Kernbereich zu. Denn Sicherheitsvorkehrungen können — angeregt durch die nicht zu unterschätzende Phantasie der Geheimhaltung — um so wirkungsvoller getroffen werden, je mehr das Ausmaß einer Verpflichtung von vornherein bekannt ist. Darüber hinaus gehen mit der Durchbrechung des parlamentarischen Mehrheitsprinzips im Beweisverfahren Risiken ausschußintern sowie prozeßrechtlich bedingter Verzögerungen einher.[117]

Daß auch ohne Beweiserzwingsrechte der qualifizierten Minderheit Untersuchungen in den exekutiven Kernbereich möglich waren, belegt die Praxis der moderaten Untersuchungsverfahren. So gab es im Bundestag Untersuchungen über Personalpolitik sowie über Konzessions- und Auftragsvergabe, in denen naturgemäß auch Zusammenhänge aus dem Kernbereich der Regierung nachgeprüft wurden.[118] Meist stand in diesen Fällen auch gar nicht das Recht

---

[115] H. G. Hüsch, S. 177f.; vgl. auch M. Schröder, O., S. E 97: „Als unproblematischer Maßstab des Minderheitenschutzes, der sich eines allgemeinen Konsenses erfreut, gilt die Effektivität."

[116] BVerfGE 67, 100ff. (127) hielt die qualifizierte Minderheit zwar ausdrücklich nur für antragsbefugt. Damit ist ihr aber implizit das Recht gegeben, die Durchführung einer Beweiserhebung zu erzwingen. So auch M. Schröder, S. 109.

[117] W. Damkowski, S. 43.

[118] Bundestags-Untersuchungsausschuß über Personalpolitik im Auswärtigen Dienst, Auschuß Nr. 47 der Ersten Wahlperiode, Antr. v. 12.10.1951, BT-Drs. I/2680, Bericht vom 18.06.1952, BT-Drs. I/3465;Bundestags-Untersuchungsausschuß Fall John, Antr. v.

der Untersuchungsausschüsse in Frage, Ermittlungen in dem Internbereich anzustellen. Vielmehr wurde darum gerungen, wer Zutritt zu der Gruppe von Abgeordneten erhielt, die hier Details aus dem Kernbereich der Regierung untersuchten.[119]

Um den Erfolg einer politischen Untersuchung zu gewährleisten, ist es aber auch geboten, neben der Reduzierung des Beweiserzwingungsrechtes der qualifizierten Minderheit das Beweisantragsrecht qualifizierter wie einfacher Minderheiten zu reduzieren. Das Beweisantragsrecht aus § 12 Abs. 2 IPA-Regeln verleitete die qualifizierte Minderheit auch gegen den Willen der Ausschußmehrheit — wie das Verfahren vor dem OLG Köln zeigt[120] — Rechtsmittel gegen fachgerichtliche Entscheidungen einzulegen.

Aus der formalen Rechtsposition im Beweisantragsrecht schloß aber auch die einfache Minderheit im Rahmen der *„Flick"*-Untersuchung ein Beweiserzwingungsrecht: „Das Beweisantragsrecht der Minderheit ist nur dann gewährleistet, wenn gleichzeitig sichergestellt ist, daß notfalls die Durchführung der beschlossenen Beweiserhebung mit Rechts- und Zwangsmitteln durchgesetzt wird".[121] Rechtsmittelverfahren sowie Organstreit und Verfassungsbeschwerde der einfachen Minderheit waren die Folge, als die Mehrheit im Ausschuß die Durchführung beschlossener Beweiserhebung nicht mehr für notwendig erachtete.[122]

Das Beweisantragsrecht der einfachen Minderheit verleitet somit ebenso wie das der qualifizierten Minderheit zur parlamentarischen und gerichtlichen Auseinandersetzung um politische Positionen. Damit ist das, „was in Art. 44 GG formuliert ist und was sich daran an Erwartungen knüpft — daß nämlich eine objektive Beweisaufnahme erfolgt, deren Ergebnis dem Parlament vorgelegt wird und diesem als Grundlage für eine zu treffende politische Entscheidung dient — dann in Frage gestellt."[123]

Bei entsprechender Reduzierung der Beweisantragsrechte der Minderheiten würde die formale Grundlage dieser politischen Auseinandersetzung im Untersuchungsverfahren entzogen. Kooperative Aufklärung wäre möglich, unter deren Bedingungen die Mehrheit von der Minderheit — wie umgekehrt — „Anregungen" zum Nutzen der Wahrheitsfindung aufgreifen könnte. Das öffentliche Ansehen und damit die Autorität des Ausschusses würden gestärkt, was eine Verringerung gerichtlicher Streitverfahren mit Ausschußexternen erwarten ließe.

12.08.1954, BT-Drs. II/768, Bericht vom 5.6.1957, BT-Drs. II/3728; Bundestags-Untersuchungsausschuß über die Telefonabhör-Affäre, Antr. v. 18.10.1962, BT-Drs. IV/1544, Bericht vom 21.04.1964, BT-Drs. IV/2170; vgl. dazu die Aufstellung im Gutachten von K. J. Partsch, Verhandlungen des 45. DJT (1964), S. 223ff.

119 M. Kriele, Gutachten, S. 86.

120 NStZ 1986, S.88.

121 Anlage zu BT-Drs. X/5079, S. 11.

122 Vgl. zur Prozeßgeschichte der einfachen Minderheit BT-Drs. X/5079, S. 6f.

123 F. Schäfer, Der Untersuchungsausschuß (I), S. 500.

Wie erfolgreich das entformalisierte Beweisverfahren zwischen Mehrheit und Minderheit im Ausschuß eingesetzt werden kann, zeigt die Untersuchung der Westland-Affäre. Das flexible Verfahren[124] machte im Interesse der Aufklärung dort einen Zugriff in den exekutiven Kernbereich möglich, wo reale Anhaltspunkte für Ungesetzlichkeiten in ihm vorlagen.[125]

Wegen der kontraproduktiven Wirkungen zum Nachteile des Aufklärungsbedürfnisses der Öffentlichkeit sollte daher unter strikter Beachtung des Mehrheitsprinzips auch im Beweisantragsrecht gelten: „to keep the procedure as flexible as possible so that it may be adopted to meet the needs of the particular case".[126]

Grundlage der flexiblen Verfahrensweise in England ist die von *Weber* gepriesene „gegenseitige Parteicourtoisie."[127] Die Geschichte des parlamentarischen Untersuchungsrechts in England zeigt aber auch, daß sie nicht zu allen Zeiten bestand und den Weg mäßigend zur kooperativen Aufklärung durch Mehrheit und Minderheit im Ausschuß ebnen konnte. Als dies um die Jahrhundertwende nicht der Fall war, wurde die Empörung der Öffentlichkeit wegen der streitig errungenen unterschiedlichen Aufklärungsergebnisse ursächlich für die Entparlamentarisierung der politischen Untersuchung.[128] Sie wurde zunächst einem quasi-judiziellen Kontrollorgan übertragen. Nahezu 60 Jahre vergingen, ehe sie mit der Errichtung der Departmental Select Committees die Möglichkeit der Rückkehr in das Parlament erhielt.

Ob das einfache Mehrheitswahlrecht generell besser geeignet ist, Parteien zur Selbstbeschränkung zu veranlassen, kann im Rahmen dieser Arbeit nicht näher behandelt werden. Es bildet ein Thema für sich. In den Beratungen des Parlamentarischen Rates über das Wahlrecht zum Deutschen Bundestag stellten jedenfalls *Kroll* und *von Brentano*[129] auf diesen Aspekt ab, als sie sich mit ihren Fraktionskollegen für das reine (einfache) Mehrheitswahlsystem aussprachen.

§ 41 Über die Reform des parlamentarischen Untersuchungsrechts

Im Mittelpunkt der Diskussion um das deutsche parlamentarische Untersuchungsrecht stand immer seine Reform. Seit dem 34. Deutschen Juristentag aus dem Jahre 1926 gilt sie als dringlich. Eine grundlegende Neuregelung ist aber weder in der Weimarer Republik noch unter der Herrschaft des Grundgesetzes vorgenommen worden. Die parlamentarischen Untersuchungsausschüsse des

---

[124] Vgl. oben §§ 20f.

[125] Vgl. oben § 26.

[126] Royal Commission on Tribunals of Inquiry (Cmd. 3121), Rdnr. 69.

[127] M. Weber, S. 327.

[128] Vgl. oben § 8.

[129] Parlamentarischer Rat, Sitzungsbericht, 7. Sitzung vom 21.10.1948, S. 112ff.; 8. Sitzung v. 24.2.1949, S. 129f. u. 149ff.

Bundestages konnten nach allgemeiner Ansicht auch mittels der im Grundgesetz enthaltenen Modifikationen dem Ziel der parlamentarischen Kontrolle und Aufklärung nicht gerecht werden.[130] Der hauptsächliche Grund für das Scheitern einer grundlegenden Reform liegt darin, daß eine Einigung hinsichtlich der Minderheitenstellung nicht zu erzielen ist. Abgesehen von der Möglichkeit, die bestehende Gestaltung — was aus demokratischen und rechtsstaatlichen Gründen nicht ratsam ist[131] — beizubehalten, gibt es nur die Alternativen der Erweiterung oder Reduzierung. Die Minderheitenrechte im parlamentarischen Untersuchungsrecht schaffen Probleme, derer man kaum noch Herr wird:

Eine Erweiterung der Minderheitenrechte liefe faktisch darauf hinaus, daß die Minderheit im Plenum zur Mehrheit im Ausschuß wird, was angesichts des grundsätzlich bestehenden Mehrheitsprinzips, zumindest parlamentarisch systemwidrig ist.[132]

Eine Reduzierung der Minderheitenrechte erfordert ggf. die Mitwirkung der Opposition, da sie — je nach Umfang — nur mittels Grundgesetzänderung unter den qualifizierten Anforderungen des Artikels 79 Abs. 2 GG vorgenommen werden kann.[133]

Einer allmählichen Übernahme der Exekutivkontrolle durch die Fachausschüsse des Deutschen Bundestages steht einmal deren mögliche Überlastung entgegen, da sie zum Großteil mit Gesetzgebungsaufgaben betraut sind.[134] Zum anderen sind sie — mit Ausnahme des Art. 43 GG — nur mit geschäftsordnungsmäßigen Befugnissen ausgestattet, so daß sie keinerlei wirkliche Chance haben, sich de lege lata zu tatsächlichen Kontrollausschüssen zu entwickeln.

Die Einführung von quasi-judiziellen Kontrollinstitutionen setzt das parlamentarische Selbstverständnis voraus, politische Untersuchungsgegenstände nicht an sich zu ziehen, was gegenwärtig auch in England nicht vorhanden ist.

Der Errichtung den Departmental Select Committees des House of Commons entsprechender begleitender Kontrollausschüsse könnten Gründe der Gewaltenteilung entgegengehalten werden.[135] Wie die positiven Erfahrungen in England jedoch zeigen, ist die Stellung von Regierung und Parlament seit der Reform aus dem Jahre 1979 nicht grundlegend verändert. Die Regierung hat ihre Eigenständigkeit nicht zu Lasten eines imperativen Mandats der Untersu-

---

[130] Vgl. hierzu: Beschlußfassung des 57. DJT (1988), Bd. II, S. 225ff. (225).

[131] So auch: K. J. Partsch, S. 219; M. Schröder, S. 120.

[132] J. v. Münch, Art. 44, Rdnr. 41.

[133] Während BVerfGE 49, 70ff. (85) das Minderheitenrecht des Art. 44 GG ausdrücklich nur auf die Einsetzung eines Untersuchungsausschusses bezog und hinsichtlich der Ausgestaltung des Untersuchungsverfahrens von „weiteren Sicherungen" sprach, ist mit BVerfGE 67, 100ff. die Garantie des Art. 44 GG auf die Beweiserhebung ausgedehnt worden (S. 126).

[134] I. v. Münch, Art. 43, Rdnr. 41.

[135] Vgl. oben § 4 (S. 22).

chungsausschüsse verloren. Es ist: „wholly misleading to suppose that the Government is waiting to take guidance from Select Committees".[136]

Wie in England könnten so — ergänzend zu den bestehenden Fachausschüssen — „reine" Kontrollausschüsse etabliert werden, die dem staatspolitischen Zweck dienten, das Parlament und damit die Öffentlichkeit über die Exekutive kontinuierlich und systematisch zu informieren. Das Handeln der Regierung und sogar Teile ihrer bislang verborgenen Interna könnten — falls geboten — transparenter dargestellt werden. Als Nebeneffekt könnte sich — wie die gegenwärtige Praxis in England zeigt — eine präventive Wirkung einstellen, die heute bereits mit Erfolg im Bereich der Haushalts- und Finanzkontrolle zu konstatieren ist.[137]

Voraussetzung ihrer Wirksamkeit wäre allerdings — in strikter Anlehnung an das englische Vorbild — flexible Untersuchungsverfahren zu ermöglichen, womit eine Reduzierung der Minderheitenrechte, insbesondere im Beweisverfahren, unumgänglich wäre.[138]

Demgegenüber halten die beiden derzeit im Deutschen Bundestag beratenen Gesetzentwürfe an den Grundlagen des bereits bestehenden parlamentarischen Untersuchungssystems fest und sehen neben einer Bestandssicherung teilweise sogar eine Ausweitung der Minderheitenrechte vor.[139] Kritikwürdig ist vor allem, daß beide Entwürfe die Beweiserzwingung zum Akzessorium des Beweisantrags erklären. Damit werden Minderheiten verleitet, in der Auseinandersetzung mit der Mehrheit Beweisführungsstrategien zu offenbaren, was die politische Untersuchung ineffektiv macht und neben Verzögerungsrisiken vor allem Aufklärungsdefizite befürchten läßt. Die Durchbrechung des Mehrheitsprinzips im parlamentarischen Beweisverfahren birgt dann Gefahren in sich, welche die notwendigen politischen Untersuchungen von ihrer Aufklärungsfunktion entfremden könnten. Sollte die Reform des parlamentarischen Untersuchungsrechts damit auf die „lange Bank" geschoben sein?

---

[136] D. Englefield, Commons Select Committees, S. 17.

[137] Vgl. P. Eickenboom, Haushaltsausschuß und Haushaltsverfahren, in: Parlamentsrecht und Parlamentspraxis, 1989, S. 1184ff.

[138] Vgl. oben § 40.

[139] BT-Drs. XI/1896 u. XI/2025.

Schrifttumsverzeichnis

Alsberg, M.: Empfiehlt sich eine Abänderung der Bestimmungen über parlamentarische Untersuchungsausschüsse, um den ungestörten Verlauf des Strafverfahrens und die Unabhängigkeit des Richtertums sicherzustellen? Gutachten zum 34. DJT, in: Verhandlungen des 34. DJT, Bd. 1, Berlin 1926, S. 332ff.

Arloth, F.: Grundlagen und Grenzen des Untersuchungsrechts parlamentarischer Untersuchungsausschüsse, in: NJW 1987, S. 808ff.

Arndt, A.: Reformen der parlamentarischen Untersuchungsausschüsse?, in: DRiZ 1964, S. 290ff.

Aschauer, S. J.: Die Parlamentarische Kontrolle der Regierung, Diss. Bonn 1966.

Austin, R.: The Westland-Affair — Open Government by Error, in: CLP, vol. 39 (1986), S. 269ff.

Behnke, V.: 25 Jahre „Hornberger Schießen" — Geschichte der parlamentarischen Untersuchungsausschüsse, in: Die Entscheidung 1973, Nr. 8, S. 20ff.

Bekermann, L.: Die wichtigsten Mittel der parlamentarischen Kontrolle im Deutschen Reich, England und Frankreich, Diss. Heidelberg 1910.

Bell, J: Policy Arguments in Judicial Decisions, Oxford 1985.

Bickel, H.: Referat zum 57. DJT, in: Verhandlungen des 57. DJT, Bd. 2, München 1988, S. M 7ff.

Böckenförde, E.-W.: Parlamentarische Untersuchungsausschüsse und Kommunale Selbstverwaltung, in: AöR 1978, S. 1ff.

Bötsch, W.: Das Recht parlamentarischer Untersuchungsausschüsse, Überlegungen zu der Diskussion um eine Reform, in: Festschrift für H. Schellknecht, Heidelberg 1984, S. 9ff.

Bonner Kommentar, Kommentar zum Grundgesetz, Bd. 5, Hamburg 1988.

Busse, V.: Der Kernbereich exekutiver Eigenverantwortung im Spannungsfeld der staatlichen Gewalten, in: DÖV 1989, S. 45ff.

Clark, D. H.: The Last Word on the Last Word, in: MLR, vol. 32 (1969), S. 142ff.

Cohn, E. J.: Das Reich des Anwalts, Heidelberg 1949.

Cohn, G: Über die parlamentarische Untersuchung in England, Jena 1875.

Crouch, C: Großbritannien unter der Regierung Margaret Thatcher, in: Aus Politik und Zeitgeschichte, 1987, B. 38, S. 3ff.

Damkowski, W.: Der Parlamentarische Untersuchungsausschuß, Frankfurt a. M. 1987.

Dicey, A. V.: Introduction to the Study of the Law of the Constitution, 10. Aufl. London 1987.

Di Fabio, U.: Rechtsschutz im parlamentarischen Untersuchungsverfahren, Diss. Bonn 1987.

Döring, H.: Parteiensystem, Sozialstruktur und Parlament in Großbritannien, in: Aus Politik und Zeitgeschichte, 1987, B 38, S. 15ff.

Drewry, G., : Select Committees and Back-Bench-Power, in: The Changing Constitution, hrsg. von J. Jeffrey u. O. Dawn, Oxford 1985, S. 127ff.

— The New Select Committees, Oxford 1985.

Ehmke, H.: Referat, gehalten auf dem 45. DJT, in: Verhandlungen des 45. DJT, Bd. 2, München 1965, S. E 7 ff.

Eickenboom, P.: Haushaltsausschuß und Haushaltsverfahren, in: Parlamentsrecht und Parlamentspraxis, 1989, S. 1184ff.

Engels, D.: Die Rechtsprechung zum Bericht der parlamentarischen Untersuchungsausschüsse, in: Bedarf das Recht der parlamentarischen Untersuchungsausschüsse einer Reform?, hrsg. von U. Thaysen u. S. S. Schüttemeyer, Baden-Baden 1988, S. 285ff.

Englefield, D.: Commons Select Committees: Catalysts for Progress?, London 1984.

— Whitehall and Westminster, London 1985.

Enquête-Kommission Verfassungsreform, Deutscher Bundestag, 7. Wahlperiode, Schlußbericht, BT-Drs. VII/5924 Bonn 1976.

Fetscher, I.: Großbritannien, 3. Aufl. Frankfurt a. M. 1978.

Friedrich, C. J.: Der Verfassungsstaat der Neuzeit, Berlin 1953.

Fry, G. K.: The Changing Civil Service, London 1985.

Gascard, J. R.: Das parlamentarische Untersuchungsrecht in rechtsvergleichender Sicht (England, USA, Deutschland), Diss. Kiel 1966.

Gerland, H.: Die Beziehungen zwischen dem Parlament und den Gerichten in England, Berlin 1928.

Gollwitzer, W.: Der Betroffene im Verfahren der Untersuchungsausschüsse des Bayerischen Landtages, in: BayVBl 1982, S. 417ff.

Government and Parliament Reviews, hrsg. von HMSO., London 1987.

Government Response to the Third and Fourth Report from the Defence Committee (1985-86), H. C. 518 u. 519, Cmnd. 9916.

Government Views on the Recommendations of the Royal Commission on Tribunals of Inquiry (1973), Cmnd. 5313.

Gregory, R.: The Select Committee on the Parliamentary Commissioner for Administration, in: P. L. 1982, S. 49ff.

Hahnenfeld, G.: Bundestag und Bundeswehr, in: NJW 1963, S. 2145ff.

Halsbury's Statutes of England and Wales, Bd. 13, 4. Aufl. London 1985.

Hatschek, J.: Das Parlamentsrecht des Deutschen Reiches, Berlin 1915.

Heck, K.: Das parlamentarische Untersuchungsrecht, Stuttgart 1925.

Heinemann, G.: Referat zum 45. DJT, in: Verhandlungen des 45. DJT, Bd. 2, München 1965, S. E 53ff.

Herzog, R.: Der Bundesrat als politisches Führungsorgan, in: Bay VBl. 1966, S. 181ff.

Heydebreck, C. J.: Referat zum 45. DJT, in: Verhandlungen des 45. DJT, Bd. 2, München 1965, S. E 64 ff.

Hilf, M.: Untersuchungsausschüsse vor den Gerichten, in: NVwZ 1987, S. 538ff.

Hüsch, H. G.: Der aktuelle Regelungsbedarf im Recht der parlamentarischen Untersuchungsausschüsse, in: Bedarf das Recht der parlamentarischen Untersuchungsausschüsse einer Reform?, hrsg. von U. Thaysen u. S. S. Schüttemeyer, Baden-Baden 1988, S. 159ff.

Jacobi, E.: Leitsätze und Vortrag des Berichterstatters, in: Verhandlungen des 34. DJT, Bd. 2, Berlin 1926, S. 69ff.

Jekewitz, J.: Neuere Erfahrungen mit dem Recht der parlamentarischen Untersuchungsausschüsse, Bonn 1986.

— Parlamentarische Untersuchungsausschüsse und Minderheitenrechte, in: RuP 1987, S. 23ff.

Kahn, J.: Parlamentarische Untersuchungsausschüsse, Diss. Marburg 1934.

Keeton, G. W.: Parliamentary Tribunals of Inquiry, in: CLP, vol. 12, (1959), S. 11ff.

— Trial by Tribunal, London 1960.

Kellner, D.: Parlamentarische Obstruktion, in: ZParl. 1986, S. 423ff.

Kipke, R.: Die Untersuchungsauschüsse des Deutschen Bundestages, Habil. Berlin 1985.

Klemmt, R.: Über die Verantwortlichkeit der Minister in Großbritannien, Diss. Tübingen 1983.

Kretschmer, G.: Bedarf es eines Gesetzes für Untersuchungsausschüsse des Deutschen Bundestages?, in: DVBl 1988, S. 811ff.

Kriele, M.: Das demokratische Prinzip im Grundgesetz, in: VVDStRL, Heft 29 (1972), S. 46ff.

— Grundrechte und demokratischer Gestaltungsspielraum, in: Handbuch des Staatsrechts der Bundesrepublik Deutschland, Bd. 5, hrsg. von J. Isensee u. P. Kirchhof, Heidelberg 1990.

— Die Grenzen der Aktenvorlagepflicht unter besonderer Berücksichtigung von Art. 32 Hamburger Verfassung; unveröffentlichtes Rechtsgutachten im Auftrage des Senats der Freien und Hansestadt Hamburg, Köln 1972.

Laage, G. u. Strube L.: Das Untersuchungsrecht als Minderheitenrecht, in: Zwischen Aufklärung und politischem Kampf, hrsg. von U. Bachmann u. H. P. Schneider, Baden-Baden 1988, S. 9ff.

Lammers, H. H.: Parlamentarische Untersuchungsausschüsse, in: Handbuch des deutschen Staatsrechts, Bd. 2, Tübingen 1932.

Langheid, T.: Souveränität und Verfassungsstaat — The Sovereignty of Parliament, Diss. Köln 1984.

Leigh, I.: „A Tapper's Charter?", in: P. L. 1986, S. 8 ff.

Lewald, W.: Enquêterecht und Aufsichtsrecht. Eine verfassungskritische Studie, in: AöR 1923, S. 269ff.

Linck, J.: Untersuchungsausschüsse und Privatsphäre, in: ZRP 1987, S. 11ff.

Linklater, M. u. Ligh, D.: Not with Honour: The Inside Story of the Westland Scandal, London 1986.

Lloyd, I.: „The Interceptions of Communications Act 1985", in: M. L. R. 1986, S. 86ff.

Loewenstein, K.: Staatsrecht und Staatspraxis von Großbritannien, Bd. I, Berlin 1967.

v. Mangoldt/Klein: Kommentar zum Grundgesetz, Bd. 2, 2. Aufl. Berlin 1964.

Marshall, G.: Constitutional Conventions. The Rules and Forms of Political Accountability, Oxford 1986.

— Ministers, Civil Servants, And Open Government, in: Public Law and Politics, hrsg. von C. Harlow, London 1986, S. 80ff.

Maunz/Dürig/Herzog/Scholz: Kommentar zum Grundgesetz, Bd. 3, München 1987.

May, T. E.: Parliamentary Practice, 20. Aufl. London 1983.

Mengel, H. J.: Die Auskunftsverweigerung der Exekutive gegenüber parlamentarischen Untersuchungsausschüssen, in: EuGRZ 1984, S. 97ff.

v. Münch, I.: Kommentar zum Grundgesetz, Bd. 2, 2. Aufl. München 1983.

Munro, G. R.: Studies in Constitutional Law, London 1987.

Padfield, C. F. und Byrne, A.: British Constitution, 7. Aufl. London 1988.

Partsch, K. J.: Empfiehlt es sich, Funktion, Struktur und Verfahren der parlamentarischen Untersuchungsausschüsse grundlegend zu ändern? Gutachten zum 45. DJT, in: Verhandlungen des 45. DJT, Bd. 1, München 1964.

Peglow, M.: Rahmenbedingen für Terminbörsen — Eine Untersuchung des deutschen und englischen Börsenorganisationsrechts, Frankfurt a. M. 1989.

Phillips, O. H. und Jackson, P.: Constitutional and Administrative Law, 17. Aufl. London 1987.

Plöhn, J.: Die Praxis der parlamentarischen Untersuchungsausschüsse unter besonderer Berücksichtigung der Landesebene, in: Bedarf das Recht der parlamentarischen Untersuchungsausschüsse einer Reform?, hrsg. von U. Thaysen u. S. S. Schüttemeyer, Baden-Baden 1988, S. 95ff.

Radbruch, G.: Der Geist des englischen Rechts, Göttingen 1956.

Rass, H. H.: Royal Commissions in Großbritannien, in: Enquête-Kommissionen und Royal Commissions, hrsg. von K. Lompe, H. H. Rass u. D. Rehfeld, Göttingen 1981, S. 71ff.

Rausch, H.: Parlamentsreform, Tendenzen und Richtungen, in: ZfP 1967, S. 259ff.

Redlich, J.: Recht und Technik des englischen Parlamentarismus, Leipzig 1905.

Redlich, J. und Ilbert, C.: The procedure of the House of Commons, Bd. II, London 1908.

Report from the Defence Committee on the Future Defence of the Falkland Islands (1982-83), H. C. 154

Report from the Defence Committee (1985-86), H. C. 518.

Report from the Defence Committee on Westland plc.: The Government's Decision-Making (1985-86), H. C. 519.

Report from the Employment Committee on Trade Union Legislation — Unions in the Government Communication Headquarters (1983-84), H. C. 238.

Report from the Foreign Affairs Committee (1984-85), H. C. 75.

Report from the Home Affairs Committee on the Special Branch of the Police Force (1984-85), H. C. 71.

Report from the Liaison Committee (1982-83), H. C. 92.

Report from the Liaison Committee (1986-87), H. C. 100.

Report from the Select Committee on Parliamentary Questions (1971-72), H. C. 393.

Report on the Select Committee on Procedure (1977-78), H. C. 588-I-III.

Report from the Select Committee on Procedure, Question Time (1969-70), H. C. 198.

Report from the Treasury and Civil Service Committee (1986-87), H. C. 62.

Report from the Trade and Industry Committee (1985-86), H. C. 193.

Report from the Select Committee on Procedure (1979-83, H. L. 97.

Ridder, H.: Untersuchungsausschuß, in: Staatslexikon, Bd. 7, 6. Aufl. Freiburg 1967, Sp. 1170ff.

Rosenberg, W.: Empfiehlt sich eine Abänderung der Bestimmungen über parlamentarische Untersuchungsausschüsse, um den ungestörten Verlauf des Strafverfahrens und die Unabhängigkeit des Richtertums sicherzustellen? Gutachten zum 34. DJT, in: Verhandlungen des 34. DJT, Bd. 1, Berlin 1926, S. 3ff.

Royal Commission on the Constitution (1973), Cmnd. 5460.

Royal Commission on Tribunals of Inquiry (1966), Cmnd. 3121.

Salmon, C.: Tribunals of Inquiry, London 1967.

Schäfer, F.: Der Bundestag. Eine Darstellung seiner Aufgaben und seiner Arbeitsweise, 4. Aufl. Opladen 1982.

— Der Untersuchungsausschuß (I): Kampfstätte oder Gericht, in: ZParl. 1974, S. 496ff.

Schiedermair, H. u. Dörr, D.: Die Beteiligung von Bewohnern aus Nachbarstaaten im Verwaltungsverfahren Großbritanniens, in: Grenzüberschreitende Verfahrensbeteiligung im Umweltrecht der Mitgliedstaaten der Europäischen Gemeinschaften, hrsg. von G. Ress, Köln 1985, S. 217ff.

Schleich, A: Das parlamentarische Untersuchungsrecht des Bundestages, Diss. Berlin 1985.

Schmelter, H.: Rechtsschutz gegen nicht zur Rechtsetzung gehörende Akte der Legislative, Berlin 1977.

Schmidt-Bleibtreu / Klein: Kommentar zum Grundgesetz, 6. Aufl. Neuwied 1983.

Schmitt, C.: Verfassungslehre, München 1928.

Schneider, H.-P.: Die parlamentarische Opposition im Verfassungsrecht der Bundesrepublik Deutschland, Bd. 1, Frankfurt a. M. 1974.

— Referat zum 57. DJT (1988), in: Verhandlungen des 57. DJT, München 1988, S. M 44ff.

Scholz, R.: Parlamentarischer Untersuchungsausschuß und Steuergeheimnis, in: AöR 105 (1980), S. 564ff.

Schröder, M.: Empfiehlt sich eine gesetzliche Neuordnung der Rechte und Pflichten parlamentarischer Untersuchungsausschüsse? Gutachten zum 57. DJT, in: Verhandlungen des 57. DJT, Bd. 1, München 1988, S. E 1 ff.

Segal, Z.: Tribunals of Inquiry: A British Invention Ignored In Britain, in: P. L. 1984, S. 206ff.

Steffani, W.: Die Untersuchungsausschüsse des Preußischen Landtages zur Zeit der Weimarer Republik. Ein Beitrag zur Entwicklung, Funktion und politischen Bedeutung parlamentarischer Untersuchungsausschüsse, Düsseldorf 1960.

— Funktion und Kompetenz parlamentarischer Untersuchungsausschüsse, in: PVS 1960, S. 153ff.

— Parlamentarische und präsidentielle Demokratie, Opladen 1979.

Stephenson, D.: British Government and Politics, London 1987.

Stern, K.: Das Staatsrecht der Bundesrepublik Deutschland, Bd. I, 2. Aufl. München 1984.

— Das Staatsrecht der Bundesrepublik Deutschland, Bd. II, München 1980.

— Die Kompetenz der Untersuchungsausschüsse nach Art. 44 GG im Verhältnis zur Exekutive unter besonderer Berücksichtigung des Steuergeheimnisses, in: AöR 1984, S. 199ff.

Thaysen, U.: Die Wahrheiten der parlamentarischen Untersuchungsausschüsse, in: Bedarf das Recht der parlamentarischen Untersuchungsausschüsse einer Reform?, hrsg. von U. Thaysen u. S. S. Schüttemeyer, Baden-Baden 1988, S. 11ff.

Thieme, H.: Das Verhältnis der parlamentarischen Untersuchungsausschüsse zur Exekutive, Diss. Göttingen 1983.

Todd, A.: Über die Parlamentarische Regierung in England, Berlin 1869.

Vierzig Jahre Bundesrat, Tagungsband zum wissenschaftlichen Symposion in der Evangelischen Akademie Tutzing vom 11. bis 14. April 1989, hrsg. vom Bundesrat, Baden-Baden 1989.

Wade, H. W. R.: Administrative Law, 5. Aufl. Oxford 1982.

Weber, M.: Parlament und Regierung im neugeordneten Deutschland. Zur politischen Kritik des Beamtentums und Parteiwesens, in: Max Weber, Gesammelte politische Schriften, 2. Aufl. Tübingen 1958.

Wolff, H. J. / Bachof, O.: Verwaltungsrecht, Bd. 2, 5. Aufl. München 1987.

Wollmann, H.: Die Stellung der Parlamentsminderheit in England, der Bundesrepublik Deutschland und Italien, Den Haag 1970.

Ziller, G.: Der Bundesrat, 4. Aufl. Düsseldorf 1973.

Zweig, E.: Die parlamentarische Enquête nach deutschem und österreichischem Recht, in: ZfP 1913, S. 265ff.

FSC
www.fsc.org
MIX
Papier | Fördert gute Waldnutzung
FSC® C083411

Kolibri 360 GmbH
Ferdinand-Jühlke-Straße 7
99095 Erfurt, Deutschland
produktsicherheit@kolibri360.de

Druck:
CPI Druckdienstleistungen GmbH
im Auftrag der
Kolibri 360 GmbH
Ferdinand-Jühlke-Str. 7
99095 Erfurt